勇気を持って
前進する

张 岩◎著

销售之神原一平传

勇往直前

电子工业出版社·
Publishing House of Electronics Industry
北京·BEIJING

内 容 简 介

本书是保险传奇人物原一平的人物传记。全书分为上下两篇，分别介绍了原一平传奇的人生经历及其销售保险的技巧。通过本书，我们不仅能全面了解原一平的生平事迹，从他身上获得一份力量，还能学到实用的保险销售专业知识，提升自己的职业技能。

本书可作为保险代理人、推销员、销售顾问等相关销售从业人员的参考用书。

未经许可，不得以任何方式复制或抄袭本书之部分或全部内容。
版权所有，侵权必究。

图书在版编目（CIP）数据

勇往直前：销售之神原一平传 / 张岩著. — 北京：电子工业出版社，2022.3
ISBN 978-7-121-42657-5

Ⅰ.①勇… Ⅱ.①张… Ⅲ.①原一平—传记②推销—经验—日本 Ⅳ.①K833.135.38
②F713.3

中国版本图书馆CIP数据核字（2022）第015164号

责任编辑：张　毅　zhangyi@phei.com.cn
封面插画：所艳凤
印　　刷：鸿博昊天科技有限公司
装　　订：鸿博昊天科技有限公司
出版发行：电子工业出版社
　　　　　北京市海淀区万寿路173信箱　邮编：100036
开　　本：880×1230　1/32　印张：8　字数：165千字
版　　次：2022年3月第1版
印　　次：2025年2月第4次印刷
定　　价：58.00元

凡所购买电子工业出版社图书有缺损问题，请向购买书店调换。若书店售缺，请与本社发行部联系，联系及邮购电话：（010）88254888，88258888。
质量投诉请发邮件至zlts@phei.com.cn，盗版侵权举报请发邮件至dbqq@phei.com.cn。
本书咨询联系方式：（010）68161512，meidipub@phei.com.cn。

序

作为一个已经从业 26 年，并将继续再干 30 年的保险行业"老兵"，原一平这个名字，对我有着特殊的意义。

1996 年我入行的时候，中国大陆的保险行业还处于发轫时期，没有传承和积累。我们作为"拓荒者"，不得不到处寻找学习资料，从那时起，我就知道了原一平：那个穿着一块二的西装，身高只有一米四，连续 15 年获得全日本销售冠军，被誉为"销售之神"的家伙。

这次我应吕征老师的邀请，为原一平的这本传记作序。翻阅书稿的时候，20 多年前就知道的那些细节，又在文字的牵引下，重现在我的脑海，有亲切感，也有更深的领悟。

每个人都有自己的故事，保险行业的销售人员故事尤其多，特别是在入行之初的那个阶段，收入没有保障，开单遥遥无期……每个闯过那段难熬岁月的保险推销员，都可以写出一篇属于自己的传奇。原一平的经历，就是传奇中的传奇。

原一平最初是以实习生的身份进入保险公司的，那时的实习生没有底薪，这也就意味着，只要没有开单，他就没有收入。本就家底不厚，又是孤身闯荡东京的原一平，因为连续几个月没有收入，不得不搬出租住的客馆，跟流浪汉一起露宿公园，领救济餐。

最初打动我的，就是这个"露宿公园里的原一平"。在这样艰苦的情况下，原一平始终没有放弃。每天一大早，他都拿出最好的精神状态，斗志昂扬地去推销保险。这样的日子，坚持一天不难，坚持十天不容易，坚持一个月很难，连续坚持好几个月，就不是一般人能做到的了。

因为写这篇序言而再次读到原一平的这段经历时，我的脑海里浮现出哲学家尼采的一句话："凡是不能杀死你的，都会让你更强大。"并且，我还想在后面再加一句：能杀死你的从来都不是外在的困境和磨难，能杀死你的只有你自己。

只要自己不放弃，就没有什么能打败你。

原一平没有放弃，他成功了，更重要的是，这几个月的磨炼让他更强大。我想跟年轻的保险推销员说的是：你遇到困难了吗？如果遇到了，恭喜你，你有了一个让自己更强大的机会。

原一平的这份强大，如果用一个词来概括，我想应该是"执着"。因为执着，他无所畏惧、勇往直前，挑战"外野大将军"，拿下三菱集团，拦截准客户的汽车；因为执着，他绝不轻言放弃，连续七十一次拜访同一个客户，为了提高成交率而总结出三十八种微笑，为了提升自我发明了"原一平批评会"；因为执着，他把保险销售融入自己的生活点滴，等红灯的时候能发现客户，在干洗店里能找到客户，把高档服装店变成自己开拓客源的据点……

执着的背后，更深层次的东西，则是"信念"。

我始终认为，一个合格的保险推销员，一定要有两种信念。第一种信念是对行业的信念。我们要明确地知道并坚定地相信，我们从事的这个行业，是有意义的、有尊严的，是能给他人带来价值、提供帮助的。从业 26 年来，我从没想过离开，一直站在保险销售的第一线，支撑我的就是这个信念。第二种信念是对自己的信念。既然选择了相信这个行业，立志在这个行业做下去，我们就要相信自己一定能做好。

在原一平的身上，我就看到这两种信念时时都在闪光。具体的例子我就不说了，翻开书，随处可见。

坚定的信念，忠实地为客户着想，不断学习。我认为，这就是保险推销员获得成功的"三大法宝"。

说到学习，阅读成功人士的传记，比如这本《勇往直前：销售之神原一平传》，我们应该学习什么呢？这本书里讲了原一平的很多销售技巧，有些技巧到今天还很实用。但我以为，这不应该是我们学习的重点。我们最需要学习的，应该是他身上焕发出来的那股劲儿，那种精神。

有句古话叫"书读百遍，其义自见"。我的阅读习惯是，遇到一本好书，会反复阅读，有时能读上十来遍。这是为什么呢？因为通过反复的阅读，我才能让书里蕴含的精神，真正地融入我的精神世界。我不敢说，反复读这本书一定会让你拥有原一平的精神高度，获得他所获得的成功，但是，"取法乎上，得乎其中"，不也挺好吗？

是为序。

闫丽洁

2021 年 11 月 18 日于北京

目 录
C O N T E N T S

上篇
原一平传

第一章 逆境

第二章　重生

第三章　蜕变

第四章　攀登

下篇

推销员手记

第八章　推销实操技巧

第九章　推销话术

上 篇

————

原一平传

第一章

逆境

我觉得，保险推销员最为重要的
品质之一是保持单纯的心和童稚的
梦想。

——原一平

01

小引：原一平其人

在日本，原一平几乎是个家喻户晓的人物，特别是在昭和时代（1926—1989），他的社会影响力甚至在日本首相之上。然而，拥有这么大声望的原一平既不是政治家、经济学家，也不是大财阀，而只是一个保险推销员。不得不说，这是一个奇迹。

这里所说的"奇迹"，除了考虑到原一平的保险推销员的身份，还可以从另外两个角度来说。

第一个角度，指的是原一平的相貌。

仅看相貌的话，我们无论如何都很难把原一平和奇迹联系到一起。身高一米四多一点，四方脸，大嘴巴，粗眉毛，左边的眉毛上还挂着一颗黄豆大的疣子。这就是原一平的"尊容"。如果去马戏团做小丑，想必原一平会大受观众欢迎，但做保险推销员的话，仅外表这一关，他就不及格。但原一平不仅做了推销员，而且做得风生水起，站到了日本保险业的最顶端，说他是"日本保险业的拿破仑"也不为过。

第二个角度，指的是日本保险业所处的大环境。

在江户幕府时代（1603—1868），日本并没有保险业，明治维新（始于 1868 年）后，保险业才被引入日本。一开始，日本的保险公司都是由西方人创办的，直到 19 世纪 70 年代末期，日本才零零星星地出现一些本土保险公司，但与享有治外法权的国外保险公司相比，它们几乎没有竞争力可言。19 世纪 90 年代中期，日本与欧美各国签订了通商航海条约，废除治外法权，日本本土保险公司才得以扬帆起航。

然而，像明治维新这种全国性的改革是漫长的，不是几年、十几年就能完成的，而且，在改革刚有起色的时候，日本就确立了军国主义路线，迫不及待地发动对外战争，掠夺殖民地。由此造成的结果是，日本国内经济向军工产业倾斜，其他行业的发展比较混乱，其中当然也包括保险业。

因此，废除治外法权之后，日本的保险业并不是一帆风顺的，而是基本上处于野蛮生长的状态。行业内部乱象丛生，再加上人们的观念还没有转变，许多人对保险很抵触，认为保险推销员都是骗子。与此同时，由于日本一再发动对外战争，国内经济凋敝，市场有限，也加剧了保险业的艰难处境。但就是在这样的形势下，原一平在 1930 年进入明治保险公司工作，入职第六年，他的销售业绩就名列全日本第二，第九年时，他的业绩雄踞全日本第一。

二战结束后，在美国的扶持下，日本经济迅速复苏，国内各行业走上正轨，原一平的事业也随之水涨船高。1949 年，原一平担任明治保险公司日本桥地方部部长；1962 年，原一平成为 MDRT①会员，并协助设立全日本寿险推销员协会；1963 年，原一平荣任日本绩优寿险推销员俱乐部名誉会长；1964 年，原一平担任明治保险公司理事，荣获全球推销员最高荣誉——学院奖；1968 年，原一平成为 MDRT 终身会员；1974 年，原一平成为 MDRT 远东地区会长。1976 年，原一平荣获日本天皇颁赠的"四等旭日小绶勋章"，连当时的日本首相福田赳夫也感慨地说："我作为首相，也只是获得过五等旭日小绶勋章。"

为什么其貌不扬的原一平能取得这么大的成就？他的成功历程究竟是怎样的？这是他努力的结果，还是时运使然？我们能从他的成功中借鉴到什么？推销是保险推销员工作的全部吗？保险推销是否有什么误区、是否有捷径可循……带着这些问题，我们来一起走进原一平的一生。

---

① MDRT（Million Dollar Round Table），即百万圆桌会议，全球寿险精英的最高盛会。

02
乡村恶少

1904 年（日本明治三十七年），原一平出生于日本长野县宫泽村。宫泽村四面环山，交通极为不便，直到 44 年后，也就是 1948 年，第一条公路才通到这里。

在原一平出生的年代，村民要想去外乡，唯一的选择是徒步翻山。尽管此时明治维新已有 40 多年，但对于急剧变化的山外世界来说，宫泽村依然非常封闭，人们去一次山外就像去了一次外太空，回来以后能津津乐道许久。

原一平的父亲是个热心肠，喜欢为人排忧解难，在宫泽村颇受敬重。原一平在兄弟姐妹中排行最小，备受宠爱，正因如此，他从小就养成了蛮横的性格，争强好胜，做什么都喜欢拔尖，见不得哥哥、姐姐们比自己强，也见不得别人家的孩子胜过自己。为此，原一平没少在村里惹祸，他的母亲就经常说："我和他（原一平）父亲都是安分守己的人，怎么会生出这样一个魔王？"但看在他父亲的面子上，村民们都没有同这个毛孩子计较。

宫泽村的农耕技术比较落后，人们耕地主要依靠马匹，所以几乎家家户户都养马。在当地，马的地位相当于印度的牛的地位，马活着的时候，主人必须悉心照料，马死了以后，主人还得立碑纪念，感谢它生前的付出。

在父母的溺爱和村民的纵容中，原一平那原本只是孩子气的恶作剧越来越出格。有一次，他在山谷边玩耍，看见一匹马在悬崖边吃草，于是掰下一根树枝，悄悄走到马背后，突然大喊一声，用树枝狠狠地在马背上抽打了一下，受惊的马当即乱蹿乱跳，一不小心跌入深谷中摔死了。

许多年之后，原一平回忆起这件事，颇为懊悔，觉得自己给马的主人带来了很大的麻烦，但他也说，目睹马匹跌入深谷的瞬间，心里有一种怪异的激动。这是因为他意识到这一次惹祸与以往的恶作剧都不同，肯定会在大人的世界里引起很大的风波，或者说，他把这件事当成了自己长大成人的标志。

果不其然，出事以后，马的主人非常不满，要不是碍于原一平父亲的面子，恐怕他就要打原一平一顿。原一平的父亲一再登门道歉，百般赔不是，好不容易才平息事端。但即使出了这么大的事，他依然没有下重手惩罚原一平，只是给予了一番口头惩戒。

没有深刻的教训，当然也就不会有彻底的醒悟。这次闯祸之后，原一平依然我行我素，更加胡作非为了。可以料想到，像他这样的恶少迟早会碰钉子，区别仅在于这颗钉子在什么地方。

最早让原一平碰钉子的人是他的老师。有一次，原一平在学校里胡闹的时候，他的老师实在看不下去了，就把他叫过来，当着所有人的面，将他严厉地责打了一番。

原一平在少年时代就煞有介事地总结了一套"打架哲学"，那就是打架的时候必须还手，否则就不叫打架，而是叫挨打。虽然被老师责打的时候，他心里万分恼火，但他也知道自己年纪小，蛮干的话肯定不是老师的对手，所以挨打的时候他一声不吭，把这笔"仇恨"记在了心底。

少年人的道德观和世界观都还没有成型，很难分清恶作剧与作恶的界限，所以他们下手没有轻重，不知深浅，原一平也是如此。被老师责打之后，他恼羞成怒，一直在暗中筹划着怎么报复老师。

几天之后，在课堂上，趁着老师背对着自己的时候，原一平忽然拿出磨得非常锋利的铅笔刀，冲着老师扎去。在大家的惊叫中，老师出于本能反应，迅速转身躲过了原一平的偷袭，但手上被划出了一个长长的口子，鲜血直流。

经过这件事，原一平在宫泽村的名声彻底臭了。

这件事的性质太恶劣，差点伤及人命，酿成大祸，村民们在背后议论纷纷："年纪这么小就做出如此歹毒的事，长大了那还了得？"更为严重的地方在于，原一平刺杀老师的事件极大地挑战了日本人的价值观。

日本是一个等级制社会，老师和家长的社会地位一样，都是神圣不可侵犯的。虽然中国人的价值观与此相似，也很尊重老师，但老师和父母还是有区别的。而在日本，老师和家长的地位是一样的，刺杀老师就是刺杀父母，是十恶不赦的大罪。

原一平的父亲在当地是有公职在身的，因为承受不住巨大的舆论压力，不得不引咎辞职以示歉意。但这依然无法平息舆论，只要原一平还在宫泽村，村民就提心吊胆，唯恐自己遭到"小恶魔"的毒手。迫于无奈，原一平的父亲只好把儿子送到邻村的远房亲戚家寄养。

这个远房亲戚相当于原一平的姨母，膝下只有一个叫久惠的女儿。

原一平相貌丑陋，身高一米四多一点，性格顽劣，恶名在外；久惠聪明、文静、勤奋，身高一米六多，是村里公认的美少女。两个人站在一起，仅仅在视觉上，就有一种强烈的反差感。在久惠面前，原一平第一次感觉到了自卑，只是他不知道应该怎么排解这种情绪。

不知不觉，几年过去了，原一平长成了一个 19 岁的小伙子，但在年龄增长的同时，他的身高始终停滞不前，一直只有一米四多一点。

随着年龄的增长，原一平的自卑感越来越强烈。刚来到姨母家的时候，他的自卑感主要来自和久惠的对比，而现在，他的自卑感主要来自同龄人。眼看着他们有的去当兵，得到了军衔，有的去做买卖，成了有钱人，有的在家务农，也纷纷成家立业，他怎么能不着急呢？

原一平在家乡的名声已经臭了，在姨母居住的村子里，也有许多人知道他有不光彩的过去，留在当地的话，他肯定是没有前途的。那该怎么办呢？

"去一个没人认识我的地方闯一闯吧。"一个静谧的黄昏，原一平和久惠散步的时候，突然这样说。

"你要去哪里？"久惠问。

"东京。"

第一章 逆境

03
艰辛的求职

20 世纪二三十年代的东京，虽然无法与伦敦、纽约这样的国际化大都市相比，但在亚洲，它的繁华程度绝对说得上名列前茅。灯红酒绿的银座、车水马龙的浅草町、纸醉金迷的歌舞伎町……对于从穷乡僻壤走出来的原一平来说，东京就是如同人间梦境一般的存在。

在家乡，原一平是个"名人"，虽然只是臭名，但谁见了他都得"客客气气"的，而在东京，他只是人潮人海中一个相貌古怪的小矮子而已，丝毫没有存在感可言。但这也正是他来东京的原因——他要在一个谁也不认识他的地方重启人生。

"原一平，不干出点儿名堂，就绝不回家乡！"站在熙熙攘攘的东京街头，原一平这样告诉自己。

可是，东京这么大，应该先从哪里做起呢？原一平从小就是个恶少，身上有一种"天不怕地不怕"的狠劲和蛮劲，他做好了碰壁的心理准备，决定无论如何都要找到一份工作。然而，出乎他意料的是，他几乎没有费什么功夫，就在一个旅行社得到了一份推销员的工作，而且这家旅行社的规模也比较大，有 60 多个员工。

"我怎么轻而易举就得到了这么好的工作呢？"尽管心里有种不真实的感觉，但原一平相信，能得到这份工作并不是偶然的，自己身上肯定有某种能力被社长看重。

为了回报社长的赏识，原一平拼命工作，入职的第一个月就创下了全社业绩第一的好成绩。但晴空一声霹雳响，就在他为自己的好成绩扬扬得意的时候，社长扔下所有的员工携款潜逃了。

这时候，原一平恍然大悟：自己得到这份工作不是因为运气好，也不是因为自己有特殊的能力，而是被社长"当枪使"了。换句话说，当时只要是个人来应聘就会被录用，因为在社长眼里，这些傻乎乎的应聘者只是免费劳动力。

刚刚进入社会就栽了跟头，原一平心中的愤懑可想而知，但对卷款跑路的社长，他所能做的只是恶狠狠地咒骂一通。

为了生存，原一平再次踏上了求职之路。社会对他的"毒打"，这才真正开始。

与大多数刚刚进入社会的年轻人一样，当时的原一平对未来一片茫然，只是抱着买彩票的心理到处求职，希望能得到一份好工作。但当时的日本正在发生经济危机，整体经济形势比较低迷，就业岗位有限，像原一平这种既没有高学历，也没有一技之长的人，根本没有得到好工作的机会。

一开始，原一平对工作还是有些期许的，但随着碰壁次数的增多，他渐渐放低了要求，只希望能有口饭吃，先在东京站住脚。但即便如此，依然没有哪个公司愿意聘用他。

一个偶然的机会，原一平在报纸上看到了明治保险公司招聘保险推销员的消息。在当时的日本人看来，保险推销不是那么光彩的职业，入职门槛很低，保险推销员也往往只是一些没有素质且巧舌如簧的"骗子"。如果有别的办法，原一平无论如何都不会选这条路，但肚子饿得咕咕叫的他，已经顾不上那么多了。

1930 年 3 月 27 日，原一平走进明治保险公司的求职处，见到了主考官高木金次。

"不行！不行！"

原一平刚坐下，高木金次就不耐烦地挥了挥手，让他赶紧走人。

原一平愣住了，以为自己听错了。

"推销是很难的工作，你这样的人是做不了的，赶紧走！"

"保险推销不是人人都能做的低级工作吗！我为什么不能做？"听了高木金次的话，原一平心里想，他面红耳赤，觉得自己受到了天大的侮辱。

"你说什么？"原一平问道。

"你不适合我们公司，这份工作你是做不了的。"高木金次一脸鄙夷地说。

"那么请你告诉我，在你们公司做保险推销员有什么标准吗？"

"每个月 1 万日元的业绩。"

按照现在的汇率来说，1 万日元只是一个小数目（不到 600 元人民币），但 20 世纪二三十年代的 1 万日元的价值是如今的 1000 多倍。

"每个人每个月都是 1 万日元吗？"

"不错！每个人，每个月。"高木金次嘴角挂着轻蔑的笑。

"别人能做到的事，我也能。"原一平气冲冲地盯着高木金次说。

高木金次饶有兴致地看了一眼原一平，眼神似乎在说："小子，别冲动！"

"你真的想做这份工作？"

"我一定能行。"原一平咬牙切齿地说。

"好吧。"高木金次恶作剧般地笑着，"你可以来这里工作，但只是实习生，没有薪水。"

"好，就这样吧！"原一平的双拳重重砸在办公桌上。

对于原一平而言，这份工作可以说是一个机会，也可以说是一个陷阱，因为如果完不成工作任务的话，他不但拿不到薪水，还得白白耗费一个月的时间，而在这一个月里，他说不定可以在别的公司找到就业机会。假如当时有人劝劝他，他或许就会冷静下来，但在那样的场合中，自感颜面受损的他恶少脾气发作，非得争回这口气。

高木金次说保险推销是很难的工作，其实这是个事实，并不是为了吓退原一平而虚张声势。推销保险与推销其他产品不同，比如推销电器，推销员可以拿出实实在在的东西，让客户看到电器的功能，但保险并非实物，推销员必须在熟悉保险条款的基础上，凭借三寸不烂之舌让客户看到买保险的好处。高木金次是过来人，对其中的辛酸苦辣有深刻的体会，在他看来，原一平其貌不扬，对保险一无所知，也没有出众的口才，所以当时他笃定地认为，这个可笑的小矮子立下赌约完全是自取其辱。

此时的高木金次想不到，这个荒唐的赌约将会为明治保险公司招来一个强将；此时的原一平也想不到，这个荒唐的赌约将会促使自己走上人生巅峰。

04
办公桌事件

明治保险公司的推销员虽然平日在外跑业务，但每个推销员都有一张常备办公桌。原一平只是实习生，公司当然不会给他准备办公桌。在我们看来，这只是一个小问题，但原一平认为，既然他在公司上班，就应该拥有自己的办公桌。为此，他向公司提出要求，请公司为他置办一张办公桌。

"这是不可能的！你只是实习生而已！"

"如果公司不给我，我就自己准备。"

办公室里所有的人哈哈大笑，都觉得这个小矮子很滑稽，也没人把他说的话当一回事。然而，第二天，原一平竟然真的带来了一张办公桌。

"请让个地方给我，我要放置自己的办公桌。"

"不行不行！这是公司，谁让你自己带桌子来的？快扛走，别开玩笑啦！"

原一平认真地说："没有桌子的话，我怎么办公呢？"

"你只是实习生。"

"只要我在公司一天，我就是公司的员工，别人都有办公桌，为什么我就不能有？"原一平寸步不让。

办公室里吵吵闹闹，原一平差点和大家打起来。虽然是"孤军作战"，但面对同事们的指责和声讨，他毫不让步，硬是用恶少的那股蛮劲迫使同事们做出让步，同意在办公室的一个角落让他安置办公桌。不过，原一平获得胜利的代价，是他突然之间成了办公室的"大红人"，人人都知道他是个不好惹的刺儿头、一碰就炸的"矮炮弹"。

"每个人小时候都会珍惜一些'小破烂'，即使面对父母的嘲笑和指责，我们也会把这些'小破烂'视若珍宝，因为在孩子的心中，它们就是价值连城的宝贝。虽然我带到明治保险公司的只是一张破桌子，但对我而言，它寄托着我所有的梦想，并激发着我所有的潜力，所以当时我才会那么执着，无论如何都要把它留下……它就是我的'城池'，别人或许觉得好笑，但那是我尽力争取来的。"很多年后，回忆起火药味十足的"办公桌事件"时，原一平这样说。

通过这件事，他还得出了一个结论：保险推销员最为重要的品质之一是保持"单纯的心和童稚的梦想"。

什么是"单纯的心和童稚的梦想"呢？我们知道，孩子的心思都很单纯，遇到烦恼的话，哭一场或者睡一觉就好了。站在成年人的立场上，我们当然可以说孩子的烦恼都是小烦恼，但我们也要明白，没有完成作业的孩子与没有完成工作的成年人，所面对的烦恼其实是差不多的，二者都会惊恐、自责、焦虑。

孩子还有一个特点，专注力特别强。有些在成年人看来十分无聊的东西，他们也能玩几个小时、几天，甚至几个月。而对于成年人来说，这种专注力无疑是一种稀缺品，因为成年人要衡量太多，容易患得患失，也容易被突然冒出来的其他事情分散注意力。成年人不像孩子那样，如果想得到某个东西就去想尽一切办法得到，哪怕是撒泼打滚，胡搅蛮缠，就像原一平无论如何都要在办公室放置自己的办公桌。

时过境迁，回忆往事的时候，原一平的心态与年轻时已有些不同。当年"大闹天宫"的时候，他还为当时的胜利扬扬得意，后来再回想起这件事，他一边肯定"单纯的心和童稚的梦想"的价值，一边觉得自己当时有点过头儿了，与其为了一张桌子大闹一场，不如把这些精力放到工作上。

不管怎么说，拥有了自己的"城池"以后，原一平的事业就算正式开始了。从此，他将以办公桌为据点，马不停蹄地开疆拓土，在保险行业创建自己的王国。

进入明治保险公司的头几天，原一平没有像其他同事那样忙于跑业务，而是天天坐在办公桌前学习与人寿保险有关的资料。晚上回到住宿的地方，他也总是抱着这些资料，看到大半夜。在公司里，没有人愿意理会他，即使有人看他一眼，也好像在看马戏团里的小丑。在住宿的地方，房客对他的态度要好一些，但在大家眼里，他也只是个咋咋呼呼、举止奇怪的小矮子。

日本人与中国人的性格不同，中国人含蓄内敛，面对压力时总是在心里给自己打气，而日本人比较外向——用现在流行的话来说是比较"中二"——动不动就喜欢喊一些自我激励的口号。

每天上下班的路上，在人潮人海中，原一平经常走着走着就挥拳大喊："原一平，加油！"在办公室或者住宿的地方翻阅工作资料时，他偶然也会突然大喊一句为自己鼓劲的口号。即使日本人普遍比较"中二"，但像原一平这种特别过火的"中二"劲头也往往会让身边人大吃一惊。

"那家伙是不是有毛病？怎么总在办公室里大喊大叫？"

"原一平！大半夜能不能别总是吵吵闹闹的？"

很快，差不多一个星期过去了，原一平对所有的工作资料已倒背如流，而且他相信，自己对工作资料的掌握程度不输于任何一个同事，包括经理高木金次。想到自己接下来就要像一个真正的推销员那样走出去，直接面对客户，原一平就兴奋得不能自已。

"保险推销不就是不停地约见客户，讲买保险的种种好处，让客户签单吗？别人能做好的事情，我也能做好。"尽管后来知道了自己的这个想法是错误的，但在当时，原一平坚信熟悉与人寿保险相关的所有资料，自己就能在保险推销事业上无往不利。

05

一块二的西装

在原一平所处的时代，保险推销员的着装没有统一规定，但大家基本上都穿西装，因为保险在当时的日本毕竟是舶来品，穿着西装去推销保险很容易给人一种洋气的感觉。

原一平出身"大户人家"，从小就喜欢穿戴打扮，在明治保险公司当上实习生之后，眼看着同事整天西装革履，他也想给自己置办一身像样的行头，但因为囊中羞涩，他实在负担不起一身崭新西装的费用。

东京神田的岩本町，有一条著名的西装商店街，但有钱人一般不会光顾这里，因为这条街上出售的西装都是二手货和翻新货，货源主要来自当铺、旧货市场和破产的服装厂。于是，原一平决定到岩本町去淘一身二手西装。

事实上，即使二手西装，对当时的原一平来说也是一笔不小的开销。站在局外人的立场上看，原一平这样做没有必要，似乎有些虚荣心作祟的成分，但换个角度来看，这也是他那争强好胜的性格的一种反映，因为他的人生信条就是做什么就要像什么。

产生买西装的念头后，原一平去过岩本町许多次，但每次都空手而归，因为对别人来说很一般的价格，对他来说太高了。久而久之，岩本町许多服装店的老板都认识原一平了。

"原一平君，又来看西装啊？"

"不是看，我要买。"

"你都来多少次了，也不见你买。"

原一平脸一红，说："精挑细选才能买到好货嘛！"

就这样，为了一身二手西装，原一平来了一趟又一趟，他相信，只要肯花功夫，自己一定能买到称心如意的西装。

功夫不负有心人。终于有一天，当原一平再次来到岩本町的时候，一个服装店老板看见他，就远远地招了招手。

"原一平君，快来快来，我有你要的东西。"

原一平进店后，老板拿出了一身深蓝色的西装。

"这是一个客人刚刚送来的，上衣口袋破了，但可以修补一下。"

原一平拎起衣服，在自己的身上比画一番，说："这也太大了。"

"哎！原一平君，就你的这个身高……"老板似笑非笑，打量着原一平，"哪能买到合身的？不管你在哪里买，不都得改一下吗？"

"这倒是。"原一平咧开嘴哈哈大笑。

"这身西装的质量还可以，只是口袋破了，我给你修补一下，一块二卖给你，怎么样？"

一身西装只要一块二，这简直是岩本町最便宜的西装了！原一平想都没想就答应了。

"可是你为什么要把这身西装卖给我呢？"原一平的潜台词是："这么好的买卖，你为什么要和我做呢？"

"说实话，我看你为了一身衣服，天天来岩本町，真的很佩服你的耐心。"

发现自己被人可怜，原一平心里很不好受，但与此同时，他对服装店老板也颇为感激。

"给您添麻烦了！"原一平郑重地鞠了一躬。

这一下反而让服装店老板不好意思了："我们都是外乡人，在东京生活不容易嘛！要是你没有别的要求，我就开始改衣服，明天你过来取就可以了。"

原一平拿起西装上衣，指着破了的那个口袋，说："衣服改小后，不是还有剩下的布料吗？这个口袋干脆拆了吧，用剩下的布料再做一个。"

服装店老板一拍脑门，说："对啊，我怎么没想到呢？还是你有办法！"

第二天黄昏，下班后，原一平拿到了改好的衣服，在服装店里，他就迫不及待地换上了"职业装"。走在回去的路上，原一平愉快地唱着家乡的民谣，只觉得有说不出的快乐。即使路人投来异样的目光，他也丝毫不放在心上。对此时的原一平来说，这身一块二的西装就如同将军的阵羽织①。事业有起色之后，尽管原一平穿过很多高档西装，但他再也没有体会过这种难以言喻的快乐。

"原一平君，今天看上去气色不错啊！"

刚到东京的时候，原一平租住在一个狭小的民宅式客馆里，住在里面的有学生、商贩、手工业者，还有形形色色的浪人。客馆里经常乌烟瘴气，一片狼藉。这天晚上，原一平一回到住处，就有人大声向他打招呼。那人的口气似乎很友好，眉眼里却透着一股嘲弄。对于这种怪异的腔调，原一平早就习以为常了，谁让自己的相貌如此"出众"呢！

"你看我，像不像一个成功的保险推销员？"说着，原一平挺

---

① 阵羽织是日本战国时代的武将常穿的一种衣服，外面可以罩上铠甲或者其他保护物。

直腰，努力让自己看起来显得高大一些，好做出几分成功人士的派头。

"哈哈……"

客馆里一片哄笑。

"看起来像一只威风的跳蚤。"

"那真是谢谢你的夸奖了！"原一平笑嘻嘻地说，"别看跳蚤只有那么大一点儿，可它却能跳很高！"

"哈哈，那你赶快跳起来吧！"

"你们等着看吧，我一定会跳起来的。"原一平在心里默默告诉自己。

这时候，角落里一个看起来像浪人的家伙说："保险推销员，不就是大街上那些虚张声势的骗子吗？"

对于一般的嘲讽，原一平向来不放在心上，或者只是笑嘻嘻地回击，但听到这句话，他一下子被激怒了。

"才不是呢！"原一平大吼，客馆里的人都惊呆了，谁也想不到这个小矮子竟然能发出这么大的声音，"保险推销员可是了不起的职业，是只有勇士才能做的职业！"

"勇士！知道什么是勇士吗？"原一平叉着腰，有意展示着自己的西装，"就是本多忠胜①那样的勇士！"

"你们看着吧，我一定会成为保险业的本多忠胜！"原一平大声说，这句话是对客馆里所有人说的，更是对自己说的。

① 日本江户幕府创始人德川家康麾下的猛将，一生经历五十多场战役而未尝一败，被日本人视为八幡大菩萨的化身，丰臣秀吉称其为"古今独步之勇士"。

06

"吃不起"和"不想吃"

20 世纪 30 年代的日本，正处于军国主义急剧扩张的时期，尽管明治维新后日本的经济发展迅速，但经济发展的成果基本上都被投入军事领域，在日常生活领域，民众的物资供应依然比较匮乏，能填饱肚子已是万幸，有投保意愿和投保能力的人寥寥无几。

进入明治保险公司后，原一平兢兢业业，工作非常努力，但连一个客户都没有获得。有那么几次，原一平有过"打退堂鼓"的念头，想悄悄溜走，不再去公司了，反正东京那么大，溜走后不太可能见到原来的同事，自然也就谈不上丢脸了。但每次产生这个念头的时候，原一平就暗暗告诉自己：一寸长的虫子也有半寸长的精魄，绝不能临阵逃脱，让人瞧不起。

原一平栖身的客馆，食宿费是月结的。有一天晚上，原一平拖着疲惫的身体回到住处，正拿着饭团大口吃的时候，客馆老板娘满脸堆笑地凑了过来。

"原一平君，你的保险卖得怎么样了？"

"哈哈，"原一平拍着胸脯大笑，"虽然现在还没有起色，但用不了多久，我就能出人头地了！"

"那可真是恭喜了！不过，你能不能先把食宿费结算一下？你都拖欠两个月了。"

刹那间，原一平脸上火辣辣的，拿着饭团的手僵住了。

"我这是小本生意，如果人人都像你这样，食宿费一拖再拖，我这小客馆可就要破产了。"

"对不起，给您添麻烦了！"满面羞愧的原一平匍匐在地上，行了个大礼，"我这就给您结算一下。"

说完，原一平跑回房间，从榻榻米下拿出钱袋，把所有的欠款都结清了。

既然原一平有钱，为什么不早点结清拖欠的食宿费呢？这是因为他剩下的钱不多了，结清食宿费后就基本上两手空空了。他原想在手里留点钱，等拿到薪水后再结清欠款，可今天晚上老板娘这样一说，他觉得很没面子，于是干脆把心一横，结清了所有食宿费。

第二天一大早，原一平就第一个离开了客馆。以往的每个清晨，他也总是第一个出门，但今天与往日不同的是，离开客馆的时候，他拎着竹皮箱，带走了所有"家当"。因为他不知道还能在明治保险公司待多久，不知道什么时候才能找到客户，拿到薪水，更不知道下一次再被老板娘追讨食宿费的时候该如何应付。

一天的工作很快就结束了。一如从前，原一平一无所获，"猎物"全都无一例外地拒绝买保险，区别只在于有的人态度比较客气，有的人态度比较恶劣，一听他说是卖保险的，就砰的一声关上了门。

"今晚该去哪里过夜呢？"下班走在路上，原一平心里万般苦涩。东京这么大，却连一块让他安放榻榻米的地方都没有。

漫无目的地走了很久，原一平走到了上野附近的一个公园里，这里也是附近的流浪汉经常过夜的场所。若是来得早些，或许还能占到一张长椅——在这个流浪汉扎堆的地方，长椅就相当于豪华宾馆里的豪华套房——可惜原一平来晚了，只能在草坪上占一块空地。

夜深了，尽管困意阵阵袭来，心事重重的原一平却迟迟难以入睡。恍惚中，他觉得灯火辉煌的东京就像喧闹的大海，自己是大海中溺水的人，剩下的那点钱就是快漏气的救生圈。他还在挣扎，有强烈的求生欲望，但他不知道救生圈能不能支撑到他上岸。

"新来的吧？"原一平的思绪被突如其来的说话声打断了。他循声望去，只见一堆破纸壳子中探出了一颗头发乱蓬蓬的脑袋，光是脑袋上的那股气味就差点让他晕过去。

那人做了个不屑一顾的表情，说："时间长了，你会跟我一样的。"

"什么意思？"原一平疑惑不解。

"东京啊！外乡人来东京的时候，谁不是斗志满满，都觉得自己能飞黄腾达，可时间长了，唉，能活下去就不错了。"

"笨蛋！那是你自己不努力！"

"嘿嘿，"那人冷笑，"曾经我跟你是一样的啊！年轻人，等你把鼻梁撞折的时候，就不会这样说了。"

"笨蛋！住口！"原一平跳了起来，挥了挥拳头。在挥拳的瞬间，原一平感到头晕目眩，差点儿摔倒，这才想起来，自己已经十几小时没有吃东西了。

那人不再和原一平争辩，将脑袋一缩，又回到了纸壳子里。

"看见公园铜像旁边的那条小路了吗？沿着小路往东走十几分钟，有个流浪汉救济所，每天有两次救济餐，不过你得去早些，晚了可没有啊！"

按照流浪汉的指引，第二天一大早，原一平果然找到了那个救济所。救济餐的分量还可以，一碟萝卜干、两块饭团、一碗粥、一碗味噌汤，而且价格便宜，只要二分钱，同样的餐食放在一般的饭店，至少也要一角钱。

随后的几天，原一平依然每天晚上栖身于上野公园，虽然吃的有了着落，但这毕竟是暂时的，因为他没剩下多少钱。每天一大早，原一平就匆匆忙忙地爬起来，赶往救济所；每天一下班，他就火急火燎地往救济所跑，只为赶上一顿晚饭。渐渐地，随着钱袋子越来越空，就连救济餐他也不敢一天吃两次了，每天早上他都是空着肚子去工作，傍晚下班后才赶回来吃一次饭。

“喂，卖保险的，今天又是只吃了一顿饭？”流浪汉晚上坐在一起聊天的时候，总有人这样问他。

“广播里不是说了吗？精神大于一切①，有饱满的精神就可以不吃东西。”原一平硬着头皮说。

“广播里的东西你也信……哈哈，你可真是傻瓜！”

原一平脸一红，说道：“其实我不想吃救济餐，太难吃了。”

大家又是一阵哄笑。

“你是吃不起吧？”

---

① 二战期间，日本政府为了应对物资匮乏的危机，经常对民众进行荒唐的洗脑教育，宣称精神的力量大于一切，只要有饱满的精神，所有物资匮乏的问题都不值一提。

"吃不起？怎么会吃不起？我……我可是有工作的人。"

"真是个爱面子的家伙！"人群中不知道谁说了一句。

原一平庆幸现在是黑夜，别人看不见自己的窘态。

第一章　逆境

07
搞定第一单

露宿公园看上去很简单，随便找个地方一躺就可以，但其实事情没这么简单。露宿公园也是有些门道的，比如不能找靠近主干道的地方，否则会被过往行人吵得一夜难眠；但也不能找太偏的地方，因为当时日本的社会治安不太好，在远离人群的地方过夜容易出事。此外，还有最重要的一点，那就是必须做好保暖措施，毕竟东京二三月的天气特别冷。

为了应对严寒，流浪汉可谓心思用尽，有的人用捡来的破布做被子，有的人躲在纸壳箱子里，还有的人住在可拆卸的简易袖珍木板房里。刚在公园落脚的那几天，原一平挨了几夜冻，很快，他就学到了最简便的御寒方法——把废旧报纸塞在衣服里。

公园里与原一平采取同样的御寒方法的人有很多，别人基本上都邋里邋遢，一看就知道是流浪汉，但原一平不一样，不管过夜的时候多么狼狈，第二天早晨去上班的时候，他都会拿出最好的精神状态，哼着家乡的民谣，看上去就像中了彩票。

每天去上班的路上，原一平都会在公园附近遇到一位白发苍苍的老绅士，而每次见面，原一平都会向对方点头示意，或者热情地打招呼，就像彼此已经认识了很久。用我们中国人的眼光来看，原一平这个人是个"自来熟"。

有天黄昏，原一平下班回来晚了，当赶到救济所的时候，救济餐已经卖光了。无奈之下，他只好忍着饥饿来到公园中央的一个路灯下，坐在地上捧着公司印发的保险资料认真地看了起来。

"你好啊！"

原一平抬起头，看到了那位老绅士。

"原来你住在这里！每天看你气色都不错，我以为你是大公司的职员，三井或者三菱之类的。"

原一平满脸通红，鞠了个大躬，谦和地说："让您见笑了，其实我在保险公司工作。"

"哦，"老绅士点了点头，"吃过饭了吗？"

"吃过了。"原一平其实此时饥肠辘辘，已经快饿得站不住了。

"不介意的话，请收下吧。"老人递过来了一个纸袋子，里面装着一个三明治。

原一平打开一看，马上像触电似的把纸袋子还了回去："我真的是保险推销员，不是流浪汉。"

"就当帮我的忙吧，我在西餐店买的有点多了，吃不了，放到明天早上就坏了。"老绅士一脸和善。

话说到这个份儿上，原一平无法再拒绝了，稍微想了一下后，他打开随身携带的竹皮箱，拿出了钱袋子。"那就当是我买下的吧，我不能无缘无故接受您的恩惠。"说这话的时候，原一平心里十分忐忑，因为在当时的日本，三明治还是稀罕物，一般人是消费不起的，他不知道剩下的钱够不够买下这块三明治。

老绅士执意要白送，原一平执意要给钱，两人推推搡搡半天，老绅士松口了："那你就给我五分钱吧。"

就这样，原一平吃到了人生中的第一次西餐。临分别时，老绅士又问了一句原一平在哪个保险公司工作。

转机已经出现，但此刻的原一平浑然不知。第二天早晨，原一平在公园附近的街道上又遇见了老绅士，然而，当他像往常那样向老绅士打招呼的时候，老绅士说了一句话让他万分惊喜："我买一份你的保险吧。"然后，老绅士又说了一句让原一平欢喜得要"爆炸"的话："我有一个公司，尽管员工不多，但我给员工都买一份保险吧。"

这位老绅士是谁呢？他是三业联合商会的理事长。

因为这个"天上掉下来的三明治"，原一平首战告捷，当月销售额成功破万。到同年年底，在老绅士的帮助下，他更是创下了明治保险公司开业以来的最高成交纪录，签售的保单金额高达 16.8 万日元。

1930 年的最后一天，坐在高木金次的办公桌对面，原一平得意扬扬地说："怎么样？我就说过，别人做得了的工作我也能做，而且能做得更好。"

高木金次站起来，郑重地向原一平鞠了一躬："原一平君，你真是让我刮目相看。从今天开始，你就是明治保险公司的正式员工了。"

除了对原一平的褒奖，高木金次那天还邀请原一平到他家过年，但原一平谢绝了。走在下班的路上，原一平唱着家乡的歌曲，蹦蹦跳跳，感受到了前所未有的快活。

不可否认，原一平能接到这个大单有很大的运气成分，但从某些方面来说，这也是他自己争取到的结果。比如，他每天上班的时候都精神抖擞，这份饱满的精神状态给老绅士留下了深刻的印象；比如，老绅士送给他三明治的时候，他即使穷困潦倒也要坚持付钱，不白拿别人的东西。

当然，这是我们从局外人的角度来看而得出的结论。事实上，原一平本人当时并没有太细致地琢磨过这件事，误以为这完全是自己努力的结果。但不管怎么说，因为这个巨大的机遇，他的事业正式开始了。在未来的工作中，他还要继续接受更大的挑战，并在接踵而至的挑战和收获中，重新认识自己和自己所从事的职业。

第二章

重生

每个人一生中最重要的事情，就是发现自己的劣根，想方设法铲除它。随着劣根的铲除，我对工作和自我都产生了前所未有的认识。

——原一平

01

"保险推销员与狗，不得入内"

尽管三业联合商会理事长在东京的商界有一定的影响力，也给予了原一平很大的帮助，但一个人的力量终究是有限的。进入 1931 年后，原一平去年那突飞猛进的业绩，很快就遇到了瓶颈。

我们之前说过，在原一平涉足保险业的那个时代，日本的保险业乱象丛生，有许多人认为保险推销员是骗子。这既是对保险业本身的考验，也是对从业人员的考验。但原一平当时并没有意识到这些，初生牛犊一般的他盲目地认为保险推销是"勇敢者的游戏"，只要有勇气，有耐心，能厚着脸皮挨家挨户地推销，自己的事业就会蒸蒸日上。

1931 年上半年，原一平的销售业绩一直维持在公司的平均水平。对于一般的保险推销员来说，业绩能做成这样就基本可以了，但在原一平看来，这是一种耻辱，因为他还想重现去年的销售奇迹。

有一次，经三业联合商会理事长介绍，原一平结识了一个餐饮店的老板。这家餐饮店在浅草町，规模尚可，店里有四五十名员工。但三业联合商会理事长有言在先，自己和餐饮店老板只是泛泛之交，能否拿下这一单，还需要原一平自己去尽力争取。

"非常感谢您！我什么都怕，就是不怕努力，这个客户我一定能拿下！"在三业联合商会理事长面前，原一平拍胸脯保证。

餐饮店老板叫神田一川。神田是一个待人很客气的人，但客气得令人感到生分，总给人一种"拒人于千里之外"的感觉。原一平每次到店里，他都客客气气地接待；原一平每次离开，他都客客气气地相送。然而，只要原一平一提到保险，他就沉默不语，或者顾左右而言他，不接原一平的话茬儿。

为了拿下这一单，"厚脸皮"的原一平几乎天天往餐饮店跑，忙里忙外，跑前跑后，如同店员，而且是最勤快的那个。他相信"精诚所至，金石为开"，只要自己持之以恒地做下去，终究有一天会拿下这一单。

"原一平君，我们聊几句吧。"一天晚上，餐饮店快打烊的时候，老板温了一壶关东清酒，请原一平就座。

"我的诚意终于打动他了吧？"原一平心头狂喜。

"说实话，原一平君，我很佩服你。这些年我见过不少卖保险的，你是最敬业的。"

"是保险推销员。"原一平抑制着心里的狂喜，小心翼翼地纠正了对方的话。"卖保险的"和"保险推销员"尽管本质上是一回事，但原一平更喜欢称自己为"保险推销员"，因为他觉得"卖保险的"有一点歧视性。

"叫什么都无所谓，"老板笑了笑，斟满了原一平面前的酒杯，"总之，我很佩服你。不过……"

一听"不过"这两个字，原一平正要端起酒杯的手僵住了。

"原一平君，你的保险我是不会买的。"

"为什么？"

"保险嘛，你懂的，"老板话里有话地笑了笑，"我是不会考虑的。"

原一平隐隐约约察觉到了老板的言外之意，但对方不把话说出口，他就觉得心里有点堵。

"那我就直说了。我的买卖做得不大，但多少有些盈余，积蓄够我和妻子养老，孩子们也都事业有成，至少养家糊口不成问题。原一平君，坦白说，保险不就是骗人的嘛！现在我买了保险，谁知道以后你们保险公司还在不在，谁知道你以后还在不在保险公司？所以啊，与其拿出那些钱买保险，我还不如把那笔钱攒下来养老。"

"您误会了，保险其实不是……"

老板从袖子里掏出一个纸袋子，放到了原一平手边，说："这段时间你在我的店里忙里忙外，帮了我不少忙，这是一点心意，请收下。"

原一平既尴尬又有些恼怒，一下子把纸袋子推了回去。

"原一平君，别介意，我是把你当朋友才说这些话的。我再给你介绍一个朋友吧，你去拜访一下他，说不定能有收获。"说着，老板把一张名片递给了原一平。

"打扰您了。"原一平接过名片，飞快地离开了这个令他不快的地方。

神田老板介绍给原一平的那个朋友也是做餐饮这行的，只是他的餐饮店更大，在东京有好几个连锁店。但这个老板对原一平并不那么客气，甚至可以说很冷淡。原一平每次去拜访，都要在他的办公室外等很久，即使勉强见面，他也不会留给原一平多少时间，往往以工作繁忙为由下逐客令。

跟这样的客户打交道，不但腿得更勤快，脸皮也得更"厚"，好在原一平这两样都不缺。用我们现在的话说，当时的原一平的人生信条就是"大力出奇迹"，相信只要肯努力，就没有拿不下的客户，即使被人拒绝，也要坚持到最后一刻。

然而有一天，当原一平再次来到这个客户的餐饮店时，刚到店门口，他全身的血液就噌的一下冲到了头顶，一瞬间他只觉得脑袋里嗡嗡作响。因为餐饮店的大门上挂着一个牌子，上面赫然写着一行醒目的大字："保险推销员与狗，不得入内。"

事情到了这一步，即使原一平再有干劲，也知道这份保单签不成了。此时此刻，他的恶少脾气发作了，只想恶狠狠地发泄一通。于是，他大步流星地闯进店里，大声地问："你们老板在哪里？我要见他！"

"老板去大阪出差了，要过几天才能回来。"

就像狠狠一拳打到了空气里，原一平的怒气一下子全泄了，但就这样离去，他又有些不甘心，于是他大吼："你们老板回来后，请告诉他，我再也不会来找他了！"

说完，原一平气鼓鼓地摔门而去。走到店外的那一刻，他心里五味杂陈，说不清楚究竟是什么感觉，有愤怒，有无奈，有尴尬，有屈辱……恍恍惚惚中，他似乎听到了店员的哄笑声。

02
推销与禅

"把梳子卖给和尚",这是所谓成功学中的一个经典故事。

阿里巴巴集团有一次请培训师给员工做培训,培训师侃侃而谈,提到了这个故事。马云当时颇为恼怒,说这是教员工诈骗,并随即取消了这次培训。其实,仅仅把这个案例当成一个故事来看的话,它在逻辑上是成立的,但它最大的问题在于,它在事实上是不可能发生的。换句话说,现实中不会有哪个寺庙愿意买梳子,也不会有哪个推销员到寺庙里推销梳子。如果这样的推销员存在,那么我们只能说这个家伙是个奇葩。然而,原一平就做过类似的事情。

事情发生在 1931 年夏天。

东京小传马町附近,有一座叫村云别院的寺庙,住持叫吉田胜逞,在东京是家喻户晓的高僧。那日,原一平走访客户一天无获,下班路上,他路过村云别院时,竟然鬼使神差地走了进去。

为什么卖保险卖到了寺庙里呢?后来回想起这件事时,原一平自己也说不清楚。到寺庙里卖保险,是从来没有人做过的事。从理智上来说,原一平当时就知道自己的举动极为不合常理，但他还是踏进了庙门，或许，这是因为他跑了一天也没有收获，心里有一股无名邪火，想到寺庙里找和尚们做一番恶作剧吧。

"请问有人在吗？"

"您找哪位？"

"我是明治保险公司的推销员原一平，来拜访吉田大师。"

在小沙弥的带领下，原一平顺利地见到了吉田胜逞。看到有客人来访，吉田胜逞什么也没说，只是示意原一平在对面坐下。

刚一落座，原一平就口若悬河，把知道的所有保险业的知识一吐为快，强烈建议吉田胜逞买一份保险。

等原一平说得口干舌燥的时候，吉田胜逞才开口："你来做什么？"

"推销保险啊！"原一平丈二和尚摸不着头脑。

"保险是什么？"

"我刚才不是说过了吗？"

"那就是保险的全部吗？"

原一平点了点头。

"你的介绍丝毫没有引起我投保的兴趣。"吉田胜逞慢悠悠地说，"人与人之间的每一次相遇都是一种造化、一种缘分，当你和别人交谈的时候，你一定要让别人感觉到这种造化和缘分的存在，可你并没有让我体会到这种感觉。这样的话，即使你口若悬河，我也不会对你所说的那些东西有什么兴趣。"

如果说这话的是另一个人，原一平一定会哈哈大笑，立即在言语上进行回击："笨蛋！你到底在说什么？啰里啰唆的！"

但坐在吉田胜逞面前，不知道为什么，他竟然呆若木鸡，觉得对方说得好像很有道理，尽管他一时还没有明白这个道理究竟是什么，如同雾中看花。

"年轻人啊，这样的你是没有什么前途的。"

虽然天气炎热，但在听到这句话的时候，原一平却打了一个寒战，如同掉到了冰窟窿里。

"请大师指点迷津！"

"你了解你自己吗？"

原一平愕然。他想说了解自己，话到嘴边却有些不肯定，生生吞了回去。

"你不肯定？"

原一平没有回答。

"那就是不了解自己。虽然我不懂保险，但我知道，你的职业是把保险卖给有需要的人。连自己都不了解的人，怎么可能了解别人的需要呢？"

如同阴霾渐渐消散，原一平模模糊糊地看到了心头有些东西在闪闪发光，但他还是看不清那些东西是什么。

"大师的话我有些懂，但也有些不懂。"

"你最大的敌人是谁？"

"是……我自己？"

吉田胜逞点了点头，说："你在事业上要想有所精进，就要先打败自己，从认识自己开始。"

"请问大师，我该怎么做才能认识自己？"

"问别人。"

一瞬间，原一平如同重获新生。在他的一生中，这也是个具有转折意义的瞬间，因为从这一刻开始，他对自己的人生有了全新的认识，而认识自己的人生也正是他的事业发生蜕变的起点。

往常下班回到住处，原一平所做的事往往是学习保险知识，或者准备第二天所需的工作资料，但这天晚上他回到住处之后，抛开了所有的工作，全身心地投入对自己的剖析中。

被吉田胜逞点拨之前，原一平一直以为自己很了解自己，或者说，他一直以为了解自己根本就不是一个问题，但经过这天晚上的思索，他越想越觉得"原一平"很陌生。曾经他以为自己在明治保险公司所做的一切业绩都是自己努力争取的结果，现在想来，却觉得那些所谓的业绩，与其说是自己努力争取得来的，不如说是因为自己命好。

如果当初没有在公园里遇到三业联合商会理事长，自己能成功转正吗？能创下年度业绩 16.8 万日元的销售纪录吗？如果不是因为结识了三业联合商会理事长，自己现在会在哪里呢？是灰溜溜地回到了家乡，还是在上野公园里做流浪汉？过去的收获都是因为那次机缘巧合，可以后如果再没有那样的好运气，销售业绩该从何而来呢？……所有的问题归结为一点，就像吉田胜逞所说的那样——认识自己。如果对自己没有清楚的认识，那就像大海里没有船舵的小船，只能随波逐流，或得或失也只能依靠运气。

"怎么才能认识自己呢？""问别人。"夜深人静的时候，回想起吉田胜逞的这句话，原一平恍然大悟。

这天晚上，原一平在一个小笔记本上记录下所思所想，到第二天拂晓时分才睡觉，但早上去上班的时候，他却容光焕发。

"新的征程开始了。"他告诉自己。

03
洗心革面

"请大家多多批评，不吝赐教。"原一平鞠了一个九十度的大躬。

同事们一头雾水，不明白这个莫名其妙的小矮子又在做什么。

"你这家伙，到底在说什么？"

"请大家指出我的缺点和毛病，狠狠批评我。"

同事们面面相觑，以为原一平的脑子出了什么毛病。

"我是认真的，以前给大家添了不少麻烦，我觉得很惭愧。从今天起，我要洗心革面，重新做人。"

话说成这样，同事们终于相信原一平是认真的，但即使如此，大家也不好意思当面说他的缺点和毛病。

"如果大家不愿意当面批评我，就用匿名的方式把批评的话写下来吧。"

经过原一平的再三恳请，同事们终于答应了他的请求。不大一会儿工夫，原一平就收到了一堆"匿名信"。

"你就是一颗暴躁的炮弹，从来不会和同事们好好相处！"

"你的业务能力太差了，只知道蛮干，赶快离开公司吧，你根本就不适合做保险推销员！"

"你总是随随便便答应别人的请求，却很少能兑现承诺。轻诺者必寡信，这样的你以后怎么能取信于人呢？"

"不可否认你很有干劲，但那又能如何？你不过是一头蛮牛而已。"

"你从来不顾及别人的感受，总是吵吵闹闹，这样的你恐怕在哪里都不会受欢迎吧！"

…………

看着一张张字条，原一平面红耳赤。他做梦也想不到，自己原来这么令人讨厌。后来回忆起这件事的时候，原一平说："以往我也偶尔以'单眼'看过自己，睁大'双眼'透视自己则从未有过。彻底反省后，我发现对自己的了解实在有限，甚至很陌生。"

但是，这只是一个开始。"字条批评会"之后，原一平对这种认识自我的方式加以补充和延伸，除了请同事批评自己，他还邀请客户向自己"开火"，不必有顾忌，直言不讳。

几个月后，经过渐渐摸索，原一平把这种提升自己的方式固定下来，并取了一个响亮的名字——原一平批评会。他还总结出几点开会原则：

A. 每月举办一次；B. 为了保证所有人都有充足的时间畅所欲言，每次邀请的人数最多不超过五个；C. 会议地点随机选择，但一般选在安静的小酒馆里，参会者每人可以得到一瓶清酒、一块猪排和一份礼物，礼物可以便宜一点，但一定要根据参会者的特点精挑细选，比如一个精致的胸针，一个有趣的玩具；D. 参加过一次会议的人，至少一年后才能第二次参会。

尽管与初到东京时相比，原一平此时的经济状况已略有好转，但即便如此，对他而言，每月举办一次批评会也是一笔不小的开销。有时候为了应付支出，他不得不到当铺典当一些东西，但他认为这些付出都是值得的。

在我们看来，原一平批评会好像是在做一个有趣的游戏，但对于"身在此山中"的原一平来说，事情却并非如此。有的参会者彬彬有礼，言谈相当客气，点到为止；有的人却毫无顾忌，想说什么就说什么，使原一平十分尴尬。关于批评会，原一平这样说道：

"每次开批评会，我都有一种被扒掉一层皮的感觉，通过一次次的批评，我把自己身上的劣根一点点地铲除干净。每个人一生中最重要的事情，就是发现自己的劣根，想方设法铲除它。随着劣根的铲除，我对工作和自我都产生了前所未有的认识。同时，我还明白了一件对我意义重大的事情，那就是改正缺点最好的办法是发挥自己的优点和长项。"

1931年，原一平的销售业绩为18万日元，比上一年增长1.2万日元，在明治保险公司依然名列前茅。当然，这是他废寝忘食工作的结果。

如果是在以前，创下这么高的业绩，原一平一定会沾沾自喜，甚至会像从前那样到高木金次的办公室里炫耀一番。但经过那么多次批评会的锤炼，他的人生观发生了巨大的改变。在他看来，自己的业绩非但没有增长，反而有所下降，因为上一年他的工作时间只有9个月，而1931年是全年工作。我们也可以这样说——原一平鞭策自己前进的参照物是自己，而不是别人。

那一年除夕，原一平专程到村云别院看望吉田胜逞时，就连吉田也对他的变化感到意外。吉田把他介绍给了东京的另一名高僧——伊藤道海。在伊藤道海的指教下，原一平又学会了参禅。

参禅，容易使人想到玄学或者其他虚无缥缈的东西，好像对实际生活并没有多少用处。但换个角度来看的话，参禅至少是对心性的一种磨炼，比如它可以锻炼一个人的耐心，使人宽容、平和。对原一平这种暴躁的急性子来说，参禅可以说是一种非常有用的功课。

事实上，即使从功利主义的角度来说，参禅给原一平带来的收获也是十分丰厚的。因为在向吉田胜逞和伊藤道海学佛的弟子中，有很多人家资不菲，颇有社会地位，而原一平在与他们的接触中，也逐渐编织了一张金光闪闪的人际关系网。到 1936 年，原一平的销售业绩就飙升至明治保险公司第一、全日本第二。在如今的我们看来，原一平这种通过结交大师，进而打开销售网络的做法并不稀奇，但在几十年前的日本，说他的做法是创举也不为过。

在这里，我们尤其需要说明的一点是，绝不能以果推因，误以为原一平结识高僧就是奔着拓展客户去的，这样想的话，就太狭隘了。我们必须认识到这样一个事实——作为一名保险推销员，我们的修养和见识决定了我们所能接触的客户的层次，如果人格卑劣，见识短浅，没有涵养，是不可能融入高层客户的圈子里的。

也就是说，原一平首先洗心革面，提升自己，然后才在高层次客户中打开局面。他的学历不高，大概相当于现在的高中水平，但随着事业的拓展，到中年以后，面对高层次客户时，他已经可以做到对西方的哲学、文学侃侃而谈了。仅仅看这个细节，我们就能对"年轻时的原一平"和"成功后的原一平"之间的差距一目了然。

04
婚后生活

1937 年，34 岁的原一平与久惠成婚。

原一平与久惠的结合，令许多人备感意外：原一平身材矮小，
相貌令人发笑，像马戏团的小丑；久惠苗条秀气，知书达理，
比原一平高出差不多一头。用日本人的话来说，他们是一对
"跳蚤夫妻"①。

久惠为什么会嫁给原一平？她看上了原一平什么呢？许多人
有过这样的疑问，就连原一平本人在刚刚结婚时也多少有些
不真实的感觉。

"追求你的人那么多，你为什么会嫁给我呢？"

"因为你很孩子气。"久惠说。

久惠所说的"孩子气"，是说原一平很真。很多人以为"真"
是率性、憨直、缺心眼，但这是对"真"的一种误读。什么
是"真"呢？其实它是对某事或者某人的一种热爱，并且愿
意为了这种热爱付出所有。古人曾经说过，"无真情者不可

———————————————

① 日本俗语，意思是女高男矮。

交"，这里所说的真情就是"真"，就是赤子之心。追求久惠的人的确很多，但在久惠看来，只有原一平才是那个愿意为了她付出所有的人。

结婚蜜月旅行时，原一平告诉久惠："我们从小就认识，你知道我是一个鲁莽的人。工作就是我的生命，我认为如果夫妻不同心，推销保险这份工作我是做不好的。能够娶到你是我的福气，但我也希望以后你能多多支持我。"

久惠没有说话，只是微笑着点了点头。如原一平所期盼的那样，蜜月旅行结束后，她成了原一平事业上的贤内助。每当原一平白天外出工作时，她就留在家中整理、搜集各类资料。若是在读报纸、杂志时，发现有参考价值的信息，她就用红笔特别标出，以便原一平晚上下班后阅读。

原一平有总结工作经验的习惯，几乎每天晚上都会对白天的工作进行一次梳理，并安排第二天的推销行程。由于久惠对他的行踪了如指掌，所以有时候白天需要找他时，久惠也可以很容易地联系到他。

原一平工作很忙，经常早出晚归，家务事全都交给久惠打理，但久惠从无怨言。原一平为自己的事业奋斗几十年，很少因家务事分心。

明治维新之前，日本女性扮演的也是相夫教子的角色，几乎没有受教育的权利。直到明治维新后，随着西学的普及，才有一部分女性渐渐接受西式教育，久惠就是其中之一，而且她的文化水平远在原一平之上。原一平的文化水平之所以后来能大幅度提升，很大程度上就是久惠这个"家庭教师"教育得力的结果。

在长年累月的工作中，原一平总结出了许多行之有效的推销方法，其中有个方法叫"情景模拟法"。具体来说，就是在拜访客户前详细列出客户的资料，然后请另外一个人扮演客户，并在一来一去的对话中查缺补漏，料"敌"于先。在演习这个工作方法时，久惠时常扮演客户的角色。

有一次，久惠夜间醒来，发现原一平不在身边，她走出卧室，看到原一平正对着镜子发笑，在昏黄的电灯下，看起来有几分吓人。

"老头子，你这是在做什么？""老头子"是昵称，原一平当时其实并不老，他们才结婚不久。

"我在练习怎么笑，"原一平有些沮丧，"今天有个客户说我笑起来有些僵硬，可我怎么就没有这个感觉呢？"

"这样吧，你对着我笑，我看看问题出在哪里。"

于是，大半夜，在久惠的认真"督导"下，原一平一遍遍地认真练习着怎么对客户露出最真诚的笑容。后来，他之所以能总结出风靡一时的"三十八种笑容"，久惠功不可没。

在久惠的帮助下，原一平的推销技能日渐精进，但即便如此，也不能保证他每一单都签成，失败依然是常事。当时，日本的社会革新还没有完成，绝大多数男人都有幕府时代的大男子主义，在外面遇到不顺心的事，回到家里就对妻子发脾气。难能可贵的是，受教育程度不高的原一平没有这个毛病，每次在外面的工作中遇到打击时，回家前他都会调整好心态，绝不把工作中的负面情绪带到家里。

原一平认为，推销是夫妻共同的事业，每次在工作中签订保单后，他做的第一件事就是在附近找一个电话亭，向久惠报喜，与妻子分享成功的喜悦。在他看来，既然推销是夫妻共同的事业，成功的喜悦也应该由夫妻共同分享。对此，原一平举过一个反例。他说：

"有的保险推销员不尊重自己的工作，生怕别人知道他们是卖保险的，经常告诫妻子保密，不要透露自己的工作。他们在外面有收获时，回到家里会扬扬得意；在外面碰壁时，回到家里就乱撒气，还说'要不是为了养家糊口，我才不做这种破工作'。长此以往，这种人的工作不但不会有进步，家庭也会出现危机，夫妻感情自然会跟着越来越淡。所以，一旦进入保险行业，就必须热爱自己的工作，把它视为人生幸福的起点。"

曾经有人问原一平："像你这样拼命工作，真的很有必要吗？"对此，原一平的回答是："这是值得的，我不但在工作中找到了人生的乐趣，还获得了家庭的幸福。"

第三章

蜕变

作为一名保险推销员，必须坚持到底，并且要懂得忍耐。只要有这种觉悟，做任何工作都可以做好。

——原一平

01
挑战"外野大将军"

随着业绩的逐年增长，原一平很快就在明治保险公司中脱颖而出。对于一般的保险推销员来说，成绩已经相当不错了，但原一平对此却不满足。因为他是个自我要求很高的人，还想取得更大的突破，但问题是，就他当时所处的环境来说，他的业绩已经达到了天花板，很难有突飞猛进的提升了。

之所以这样说，是因为原一平当时所接触的客户以散户为主，虽然偶尔也有一些比较富裕的客户，但在所谓的资产阶级当中，他们只是中小资产阶级。换句话说，客户的结构基本上决定了原一平的业绩上限。用现在的话来说就是，原一平遇到了职业生涯的又一个瓶颈期。

怎么突破瓶颈呢？答案是显而易见的——打破客户结构的局限，向大资产阶级群体进军。但问题是，以原一平的人脉和社会关系，他是做不到的。

按照正常情况，遇到这样的问题，一般人的做法是用蛮力，"厚着脸皮"拜访大客户，尽最大的努力找到一个突破口，然后再以点带线，以线带面。原一平却另辟蹊径，决定直击"中枢"——阿部章藏。

1887 年（明治二十年），阿部章藏生于东京麻布区饭仓町三丁目十五番地，他的父亲叫阿部泰藏，是大名鼎鼎的福泽谕吉①的得意门生，日本明治人寿保险相互会社的创始人、第一任董事长，母亲优子是东北地方鹤冈蕃士的女儿。就出身而言，阿部章藏可谓门庭显赫。

原一平遇到瓶颈期时，阿部章藏是明治保险公司的常务董事，号称"外野大将军"，掌管着明治保险公司外务营业部门的运营。简单地说，明治保险公司的大客户的维护和开发，都掌握在他手里。他身材高大，体格魁梧，热衷于体育锻炼，看上去还真有几分大将军的模样，而身材矮小、面目有些搞笑的原一平，就像给大将军提鞋执帽的仆从。

在事业上有所突破之前，原一平远远地见过阿部章藏几次，在当时的原一平看来，阿部章藏就是传说中的大人物，遥不可及，那时候他也不曾想过日后会跟阿部章藏发生交集。直到事业发展受阻后，经过深思熟虑，原一平才决定对阿部章藏"下手"。因为他认为，既然阿部章藏是大客户主管，那就没有必要再费九牛二虎之力，像大海捞针一般去一个个寻找大客户，完全可以直接向阿部章藏要一个大客户，作为打开大客户群体的突破口。

---

① 福泽谕吉（1835—1901），日本近代著名启蒙思想家、明治时期杰出的教育家。

表面上看，这种做法似乎有些投机取巧，但换个角度想：阿部章藏是高高在上的大人物，原一平只不过是个小小的保险推销员，凭什么阿部章藏要给原一平一个大客户呢？所以，原一平看似投机取巧的做法实际上是需要很大勇气的。

一番精心准备之后，原一平拿出最好的精神状态，走进了阿部章藏的办公室。在做了一个简短的自我介绍之后，他直奔主题，亮明了来意。

"阿部先生，我想请您帮我写一封介绍信，代为引荐串田社长。"

原一平所说的串田社长叫串田万藏，是三菱财团的龙头老大。亮明来意的时候，原一平的内心是忐忑不安的，因为他不知道阿部章藏接下来将会做何反应——答应他的请求，还是疾言厉色地把这个不知天高地厚的小矮子轰出去。

"原一平君，我听高木课长说起过你的名字。"出乎原一平的意料，阿部章藏分外和蔼，并没有他担心的霸道做派，然而接下来，阿部章藏的话却像一盆兜头而下的冰水，"只是，我无法答应你的请求。"

"这是为什么？"原一平不假思索地问道。

"三菱财团是我们现在还没有拿下的客户，如果你能把它签下来的话，那对我们明治保险公司的业绩将会是很大的提升。

所以，你的想法确实不错。可是……"阿部章藏说话的风格就是如此，喜欢欲抑先扬，好在原一平刚才已经领教了这种话风，此时已有一定的心理准备，"我本人也是三菱公司的董事之一，我和其他董事有过约定，答应不给明治保险公司的员工写介绍信。"

"您怎么会答应这么愚蠢的约定呢？"说完，原一平才意识到自己这样说话太粗鲁。

阿部章藏并没有生气，只是不经意地笑了笑，似乎反而很欣赏原一平的直爽。在这一笑中，原一平敏锐地捕捉到了一个有效信息——阿部章藏好像也想打开三菱公司的保险销售市场，只是碍于那个"愚蠢的约定"，他不想与这件事直接扯上关系。

"那……我可以直接去找串田社长吗？"原一平试探性地问道。

"那是你自己的事。"阿部章藏的笑容中显然别有意味。

事实上，原一平猜测的没错，阿部章藏的确早就想拿下三菱财团这个大客户，但碍于那个约定，他从来没有对别人说过自己的想法。当不知天高地厚的原一平走进他的办公室亮明来意时，他其实是十分喜悦的，同时也有几分惊讶，因为他万万没有想到，在明治保险公司内部，竟然有这样一个小职员和自己的想法一致。

从阿部章藏的笑容中，原一平立刻领会到了接下来的谈话该如何进行，什么话可以问，什么话不可以问。

之后的谈话很简短，原一平只问了两个问题：串田万藏的上下班时间，以及每天的工作习惯。

走出阿部章藏办公室的时候，原一平隐隐约约感觉到身后的阿部章藏正在给他鼓劲。

02
"攻占"三菱公司

与阿部章藏见面的第二天，按照阿部章藏提供的"情报"，原一平一大早就赶往三菱公司。

当时，三菱公司的总部在丸之内，虽然这里是东京的商业区，却是老城区，街区显得很陈旧。与新城区鳞次栉比的新商业楼相比，三菱公司的总部办公楼虽然显得很老气，但那种大公司的气势却扑面而来，恍若一架刚刚上好了机油的黄铜机器。

"放松心情，不要害怕，勇敢前进。"站在三菱公司的总部办公楼下，原一平暗暗给自己打气。

"我是明治保险公司的保险推销员原一平，特意来拜访串田先生。"进入大楼后，原一平对接待人员说。

阿部章藏经常到三菱公司参加董事会，三菱公司几乎所有人都知道他是明治保险公司的常务董事。因此，接待人员误以为原一平是受阿部章藏的委托来办理什么业务，也没有多问什么。一个没有仔细问，另一个没有主动说明来意，就这样，原一平顺利地被带到了串田万藏的办公室。

办公室的装修风格完全是西式的，办公桌宽大豪华，羊毛地毯柔软厚实，落地窗明亮刺目。走在厚实的羊毛地毯上，原一平有一种不真切的惶恐感，觉得自己好像走在刚刚上冻的冰面上，一不小心就会落到冰水里。

"别慌，别慌。"原一平暗暗给自己打气。他刚坐到沙发上，却突然以一种奇怪的四脚朝天的姿势摔倒了，因为他没有想到沙发竟然能这么柔软而有弹性。在沙发里手忙脚乱地挣扎了好一会儿，他才坐稳。幸好串田万藏此时还没有出现，办公室的门也是紧闭着的，他才不至于太难堪。

串田万藏到来之前，原一平一边忐忑不安地等待着，一边在脑海里演练着过一会儿应该以何种最合适的方式进行会谈。为了达到目的，他在力所能及的范围内做了最为周全的准备，但有一点他没有料到——这一天，因为临时有些事情，串田万藏并没有按照阿部章藏提供的"情报"准时到达办公室，而且迟到了很久。

时间一分一秒地过去了，办公桌边的大座钟嘀嗒嘀嗒地不停响着，就像催眠曲一般。不知不觉中，原一平的脑袋有些昏昏沉沉，尽管他一再强打精神，提醒自己要时刻保持头脑清醒，但在嘀嗒嘀嗒的表针走动声中，他还是窝在舒服的沙发里迷迷糊糊地睡着了。

"喂！喂！"不知道过了多久，睡得正香的原一平被戳了戳肩膀，他勉强睁开眼睛，只见串田万藏坐在办公桌后，正在修剪雪茄，他的秘书则站在自己身边，脸上带着嘲讽意味的笑。

"你找我有什么事？"串田万藏头也不抬地问，那种盛气凌人的架势一下把原一平震住了。

尽管原一平事先推演过无数次谈话的内容，但在串田万藏询问的瞬间，他的脑袋里却一下子一片空白。

"我是……我是……"

"我知道你是谁，接待员已经告诉我了。我问的是，你找我有什么事？"

"我……我想请贵公司买我们的保险。"

"什么？是阿部章藏那家伙打发你来的吗？"

"不是，不是。"原一平急忙辩白，"阿部章藏先生完全不知道这件事。"

"我不会买你们那种保险的，你快走吧，我还有事要忙。"

"什么？"原一平被激怒了，不过他动怒的原因并非自己被轻视，而是自己的工作被轻视，"什么叫'你们那种保险'？"

事实上，串田万藏并没有轻视明治保险公司的意思，真正让他恼怒的是，小矮子原一平竟然敢大模大样地在他的办公室里睡觉。遇到这样不懂礼貌的人，也难怪他不客气。

"我们和阿部章藏有个约定……"

"我才不管你们有什么约定！我只想知道，你凭什么看不起我们的保险？你以为大客户只有你一个吗？你不买我们的保险无所谓，我卖给别人就是了。"

撂下这几句硬邦邦的话，原一平就头也不回地离开了串田万藏的办公室。茫然地走在街头，眼前一片漆黑，他觉得整个世界正在崩塌。毫无疑问，串田万藏一定不会善罢甘休，肯定会闹到阿部章藏那里，到时候自己的工作就保不住了。没有工作的话，以后的生活该怎么办？在保险这行工作这么久，难道就因为这次不理智地发脾气，就要前功尽弃了吗？

这般胡思乱想着，心情沉重的原一平拖着同样沉重的脚步回到公司，走进阿部章藏的办公室，说了整个事情的来龙去脉。

"我真笨，竟然做出这种蠢事。"

阿部章藏也有些头大。他原本以为，最坏的结果无非是原一平被串田万藏拒绝，可他万万没有想到，原一平竟然会指着串田万藏的鼻子大发脾气。且不说保单没签成，光是想想怎么向串田万藏赔罪就让他头疼不已。就在这时候，办公桌上的电话响了。

"阿部先生吗？今天我的办公室里来了一个狂妄的怪家伙，竟然把我臭骂一顿。"

"你说的那个怪家伙，现在就在我这里呢。"

"那个家伙虽然狂妄，但他对明治保险公司的热爱打动了我。我也是明治保险公司的董事嘛，也算是个保险人。他走后我想了想，觉得自己对保险的态度不积极，以后应该以身作则，推动保险公司发展才对……"

串田万藏在电话里说了什么，原一平是听不见的，所以阿部章藏接电话的时候，原一平依然垂头丧气，站在办公桌前，沮丧地等待着。

放下电话，阿部章藏只对原一平说了一句话："没事了，你已经拿下了三菱公司！"

阿部章藏为什么会跟串田万藏定下那个奇怪的约定呢？这是因为三菱公司是日本数一数二的大公司，员工数以万计，而且三菱公司早就在别的公司给员工买了保险，再转到明治保险公司的话是个大工程，手续烦琐，耗时费力。然而，就是这样一座看似搬不动的大山，竟然被原一平搬动了。

当天，三菱公司召开紧急董事会，串田万藏宣布，从此时开始，三菱公司员工的退职金将全部转移到明治保险公司。

当晚，原一平回到家里，收到了一张由串田万藏亲笔写的明信片："明天早上九点，到我的银行来。"

03
打通学、政、商三界

第二天，经阿部章藏同意，原一平准时来到了三菱银行。将他带到串田万藏办公室的人叫加藤武男，后来做了三菱银行的总经理。

"一流的推销人员，怎么能没有一流的衣装呢？"串田万藏说，"加藤，你今天带原一平君到三越百货，给他添置一身高档西装。"

"这……"原一平手足无措。"昨天我对你很没礼貌，就当是我的赔礼吧。"串田万藏拍着原一平的肩膀打趣道，"拿出你昨天骂我的精神，接受吧。"

三越百货是日本一流的商厦，里面卖的衣服都是高档货。从三越百货出来的时候，原一平已经从头到脚焕然一新。

"再见了！一块二的西装！"原一平告诉自己。

串田万藏事件过后，原一平在明治保险公司声名鹊起，以三菱公司为起点，他的事业迈上了一个新的台阶。

有一天，原一平到达公司之后，阿部章藏神秘地对他说："今天带你去认识一个新客户。"

"谁？"原一平顿感措手不及，想尽可能多地知道一些客户的资料，以便过一会儿拜访客户时好派上用场。

"见面你就知道了。"

汽车开出明治保险公司的停车场，迅速驶入东京街头的车流。原一平心里没底，又问了几次，但阿部章藏一直是那句话——"见面你就知道了。"

几十分钟后，汽车停在了庆应义塾大学的大门前，两人下了车，阿部章藏把原一平带到了校长办公室。原来，阿部章藏要介绍给原一平的人，就是庆应义塾大学校长小泉信三。

小泉信三，日本教育家、思想家、经济学家，1888年（明治二十一年）5月4日出生于东京三田。他的父亲叫小泉信吉，曾就读位于旧和歌山蕃土的庆应义塾的前身福泽塾，后留学英国，归国后先后担任横滨正金银行副总经理、庆应义塾校长、日本银行调查长等职务，后来担任横滨正金银行负责人。小泉信三的母亲千贺，是和歌山蕃御医的长女。

小泉信三36岁时就成了小泉家的继承人，就读于庆应大学时，曾经是网球选手，长得人高马大。他和阿部章藏站在身材矮小的原一平面前，就像两个巨人。

听阿部章藏讲了原一平大闹三菱公司的"光荣事迹"后，小泉信三哈哈大笑，原一平却羞得面红耳赤。

原一平是一个奇怪的人，在他心里既有一个一往无前的勇士，也有一个自卑内向的少年。如果有人冒犯他的工作和他的尊严的话，勇士就会站出来正面迎敌；如果被人夸奖，他却会腼腆害羞，扭扭捏捏无地自容。小泉信三大笑的时候，原一平站在壮硕的阿部章藏身后，恨不得找个地洞，毫不犹豫地钻进去。

"真是了不起。"小泉信三居高临下地打量着矮小的原一平。

"我今天带他来，是有事要拜托您，"又说笑几句，阿部章藏切入正题，"您的得意门生遍天下，我想请您介绍几个给原一平君。"

小泉信三面有难色地说："我们是多年的好朋友，既然你开口，按说我应该帮原一平君，可是，想必你也知道'安田善次郎案'吧？"

安田善次郎是日本安田财团的创始人，现在知道安田财团的人不多了，但在原一平生活的那个时代，安田财团的财力甚至远远超过三菱公司。小泉信三所说的"安田善次郎案"发生在 1921 年，当时，刺杀安田善次郎的凶手朝日平吾，就是拿着当时庆应义塾大学校长镰田荣吉的介绍信，才得到了接近安田善次郎的机会。小泉信三为人谨慎，刺杀案发生之后，他再也不给任何人写介绍信了，但阿部章藏对原一平的栽培，他也无法完全坐视不理。

"我可以为原一平君做绝对的担保，他绝对不是为非作歹的人。"架不住阿部章藏一再央求，小泉信三终于答应为原一平写介绍信。

大闹三菱公司时，原一平本以为自己会摔得粉身碎骨，岂料因祸得福，不但拿下了三菱公司这个巨型客户，还在阿部章藏的介绍下认识了小泉信三。如同阿部章藏所说的那样，小泉信三人脉广泛，门生故旧遍天下，朋友、知己当中更是有许多有头有脸的人物。原一平后来认识的学习院院长安倍能成、日本银行总裁涩谷敬三等知名人士，就是小泉信三的好朋友。

曾经有很多人对原一平这么说："你好像和小泉信三先生很亲近嘛！你又不是庆应大学毕业的，小泉先生那么忙，连我们这些庆应毕业的人都难得见到他一面，你简直是过界了。"每次听人这样说，原一平都颇有受宠若惊的感觉。

事实上，小泉信三是个大忙人，接待客人的时间很少，他的门口经常挂着一块牌子，上面写着："今日我赶稿，请改日再来。"刚开始接触的时候，原一平毫无顾忌，经常去拜访他，请他写介绍信，经阿部章藏提醒，他才意识到自己的举动不妥，就不再轻易去找小泉信三了。

但奇怪的是，小泉信三却很喜欢原一平，经常邀请原一平到他的办公室做客，犹豫之下，原一平说出了自己的顾虑："我也想经常去拜访先生，但考虑到您时间宝贵，我还是少去打扰为好。"电话那头的小泉信三大笑："这样也好，以后你要开介绍信的话，给我打个电话，我就会写好寄给你。不过，我还是欢迎你随时来做客。"

小泉信三带给原一平的不单单是客户，更为重要的是，他使原一平的修养得到了很大提升。原一平本人的受教育程度不高，在认识小泉信三之前，他看起来就只是一个精干的推销员，然而，随着与小泉信三接触的增多，他的气质也随之而变。当他功成名就时，已经看起来像个学者了，对托尔斯泰、泰戈尔、夏目漱石等人的名言信手拈来。

04

勇做拦路虎

尽管手里的大客户资源越来越多，但原一平始终没有忘记，自己的事业能蒸蒸日上，最为根本的基础是开拓新客户。

有一次，原一平走在下班路上，一辆小轿车从他身后缓缓驶来，在擦肩而过的瞬间，原一平的眼角余光忽然瞥见，小轿车的后座上坐着一个中年绅士，穿着笔挺的西装，头发梳得一丝不苟，再看小轿车的牌子，显然不是日本车。在原一平生活的那个年代，"日本造"的质量还没有得到大众认可，大多数人认为外国货才有质量保证，尽管外国货往往要比"日本造"贵很多。因此，在小轿车擦肩而过的瞬间，原一平立刻断定，这辆小轿车的主人肯定是一个潜在客户。

心里打定主意后，原一平马上快步上前，想拦住小轿车，但就在这时候，小轿车已经拐过转弯处，在直道上飞驰而去。

"可能这只是一次偶遇吧。东京这么大，他走了还去哪里找呢？"原一平沮丧地想。然而，第二天黄昏，在下班路上，他又看见了那辆小轿车。

一次是偶然，两次呢？原一平急忙拔脚去追，但与上次一样，小轿车拐过转弯处，很快就消失在原一平的视野里了。不过这一次，原一平记下了车牌号。为了知道这个客户的确切行踪，原一平特意雇了一个人，让他等候在拐弯处，一见小轿车露面，就想方设法跟上，看看它到底去了哪里。

两天后，雇的人告诉原一平，小轿车里的绅士是一个服装公司的社长，他的家庭住址和公司地址都已经查清楚了。对原一平而言，有了这些关键信息，事情就相当于成功了一半。

次日，原一平上午十点多赶到那个服装公司，并且在公司的停车场里看到了社长的车。然而，当他进入办公区说明来意的时候，社长秘书却说社长有事不在。对于这种情况，原一平早有心理准备，他已经料到第一次拜访不会有什么结果，所以当社长秘书说社长不在之后，他就接着"演"下去，留下自己的名片，说第二天会再次拜访之后就走了。

第二天，又是上午十点多，原一平再次去了那个服装公司。与昨天一样，社长秘书又把他挡回去了，理由依然是社长不在。

"即使像蚂蚁那样弱小，只要肯坚持，天也会知道你的愿望。"[1] 原一平这样给自己打气。之后的几天，他每天都在固定时间去拜访那个社长，但每一次都被社长秘书用相同的理由打发回来。

———————————

[1] 日本谚语。

其实，原一平经历的事情，许多保险推销员想必都经历过。对于保险推销员来说，大客户的秘书或者助理就像口气温和但没有感情的机器人，不管推销员以什么样的态度、什么样的口气说话，他们只会有礼貌地请推销员回去，以后再来。

当时原一平的心情又是焦急，又是无可奈何，但即使心情再急躁，他也会永远记住一件事——不要跟社长秘书吵架，这是保险推销行业的游戏规则。不吵架或许还有成功的可能，一旦吵架，就绝没有成功的机会。因此，尽管原一平当时心里很气愤，但始终以笑脸迎人。

如此坚持了两个星期，事情却一直没有进展，于是原一平决定换一个方式——做拦路虎。

一天上午，原一平到明治保险公司开了晨会后，就急匆匆地赶到了那个服装公司的停车场。他连午饭也没吃，只是盯着社长的车，估算着从停车场铁门到主干道之间的距离、车子转入主干道的时间，并将估算的结果全部记在脑子里。在他的设想中，汽车在开出停车场转入主干道之前，一定会有一个减速停顿，而减速停顿的这几秒钟，就是他大展拳脚的机会。后来，回忆起当天的场景，他对池宫健一①说："一切就和演舞台剧一样，演员必须按照剧本，确定好出场的时间、舞台上的位置，如果搞错了，整出剧就会被搞得阵脚大乱。"

---

① 日文版《原一平传》的作者，也是原一平晚年口述史的记录者。

终于，下班时间到了！出场时间到了！

汽车发动的一瞬，倒计时开始。

在原一平计算好的时间里，汽车在拐弯处减速停顿了。那个年代的汽车，车门底下都有一个踏板，在汽车停顿的瞬间，原一平一把抓住车窗框，纵身跳上踏板，把自己的名片从打开的车窗中塞了进去，然后大喊："我真抱歉这么做。我已经找过您好多次，但您的秘书不给我见您的机会，这是我没有办法的办法。请您原谅！"

社长大吃一惊，瞪大眼睛看着原一平，大吼道："快给我放手！"但不管他怎么吼，原一平只是紧紧抓住车窗框不放。

那么，这一单生意有没有谈成呢？原一平没有说结果如何，他只是对池宫健一说："因为以前年轻，所以我经常做一些让人捏一把汗的行为，久惠经常因此骂我，看到我乱来的人也总是会对我批评一番。他们说的都是事实，我也不想多做辩解。辩解不是我的本性，我只是很热爱我的工作，把它视为我的生命，下决心要做一个彻彻底底的保险推销员。我也爱自己，爱那个时刻准备勇往直前的自己。作为一名保险推销员，必须坚持到底，并且要懂得忍耐。只要有这种觉悟，做任何工作都可以做好。"

第四章

攀登

如果相信自己的想法是正确的，却还去担心它的结果，我认为根本毫无必要。不用担心，鼓起勇气，做了再说。

——原一平

01
原一平"出轨"

昭和时代中后期，原一平和久惠是上过电视的人，几乎所有日本人都知道他们是模范夫妻。但很少有人知道，原一平也曾有过"出轨"经历。

二战结束后，在美国的管制下，日本加快了西化的步伐，在全国范围内推行西方的工作制，一周工作五天半——从周一到周六中午。工作期间，原一平全心全意扑在自己的事业上，几乎从来不过问家务事；但到了休息日，他就会回到家庭生活中，以丈夫的身份陪伴久惠。

然而，在 1957 年的夏天，久惠忽然发现，不知道从什么时候开始，原一平到周六晚上才回家，整个下午都见不到他的人影。

原一平去做什么了呢？一个周六的晚上，久惠问到了这个问题，原一平认真地说："这个嘛……我去见'小老婆'了。"

"世上也就我能看上你，别的女人见了你的尊容，只怕就……"久惠做了个鬼脸。原一平哈哈大笑，算是对久惠的玩笑所做的回应。

其实，当原一平说自己去找"小老婆"的时候，久惠并没有当真，她一点儿也不相信原一平是会搞外遇的人。可是，之后的几个星期，原一平的行踪如同以往，依然是周六晚上才回家。

久而久之，久惠起了疑心："原一平不会真的有外遇了吧？毕竟今时今日的他已经拥有了一定的财富，有外遇并不是绝无可能。"

为了查明原一平的准确去向，久惠用了最为简单粗暴的办法——跟踪。一个周六的中午，久惠早早就来到明治保险公司的大门外，找了个地方躲了起来。一看见原一平走出公司大门，她就蹑手蹑脚地跟了上去。走在前面的原一平哼着小曲，脚步轻快，丝毫没有发现自己被跟踪了。看他那快乐的样子，好像真的是去跟情人约会似的。

走到家附近的一个图书馆时，原一平三步并作两步，迈着小短腿急匆匆地跑了进去，跟在他后面的久惠见状，心不由一沉："莫非原一平和情人约会的地点竟然就在家附近的这个图书馆吗？"

在图书馆里，原一平从书架上拿了一本书，挑选了一个靠窗的位置坐下来，津津有味地读了起来，久惠则远远地躲在一个书架后看着。一开始，她以为原一平是在用看书来打发时间，可是，看原一平读书时那种全神贯注的样子，又不像是在等人。莫非……

日落的时候，图书馆快关门了，久惠抢在原一平之前回到了家里。经过一下午的观察，她的心里已经有底了——原一平所说的"小老婆"，其实指的就是到图书馆看书。晚上，原一平回到家，久惠把白天发生的事情一说，原一平哈哈大笑，说道："夫妻这么多年，你怎么会怀疑我是出轨的人呢？"

原一平爱上读书，其实并不是突然的。久惠有阅读的习惯，婚后这些年，每当看到久惠沉浸在阅读中的时候，原一平总有一种崇拜感，觉得喜欢读书的人和一般人看上去就是不一样。虽然知道读书重要，但他就是耐不下性子，坐不下来。直到结识小泉信三，他才突然意识到读书的重要性。换句话说，这时候他才明白，如果肚子里没有知识，就很难进入大客户的圈子。当然，我们可以说原一平的这种学习心理是功利的，但有好学之心总要好过什么也不懂。

在这里，我们先来介绍一下原一平的学习方法。就像以前到寺庙修行一样，每个周六，原一平都会尽快将工作处理完毕，然后决定好当天去图书馆阅读的书。经济、社会、时事、文学、生活常识等，只要对工作有帮助，他就统统列入阅读计划。在找到相对应的书后，原一平会先看目录，再从书中找出重要的部分，将重点抄写在自己的笔记本里，回家后他会分门别类地整理，之后有空就拿出来反复阅读。因为他的笔记都是分过类的，所以需要的时候可以迅速找到有用的内容。

知识是行动的原动力，懂得越多，行动力越强。相反，如果知识储备不足，人就会成为井底之蛙，或者说就像拉磨的毛驴，看似一直在走，实际上只是一直在原地转圈。

虽然就知识精度而言，原一平和专业学者无法相提并论，但他那种功利主义的学习心态却能让他将所学全都应用到工作上，这样就更近于实用主义了。有时候，他还能从实际生活中提炼出一些能应用到工作中的学问。

有一次，原一平去做阑尾手术的时候，医生无意中说了一句话："从给患者注射麻药开始，不管外面发生什么，医生都不能离开手术室，否则会使患者心情紧张，以为医生不重视自己的手术。"

说者无心而听者有意。由此，原一平萌生了一个奇怪的想法："开发客户的时候，如果我突然中止对话，会不会给客户留下深刻的印象呢？"因为这个灵光一现的念头，原一平发明了一种新的工作方法——"回转式谈话法"，也叫"说一半谈话法"。

做过保险推销的人都知道，开发新客户时，一般都要说一些客套话，比如谈谈天气、工作、最近忙不忙之类的话题，这是切入正题前的准备，或者说正式投入比赛前的热身活动。进行这种谈话，目的是从侧面了解客户是什么样的人，以便在"正面作战"时有的放矢。但实际上，这个目的是很难达到的，许多推销员绕来绕去也找不到客户的"破绽"，结果对话一直停留在寒暄层面，以致谈话结束后，推销员的工作毫无进展，客户也对其几乎没有什么印象。

原一平的"说一半谈话法"是什么样的呢？很简单，如果推销员绕来绕去也找不到客户的"破绽"，那就不要再继续纠缠，否则会让客户心生厌烦。与其喋喋不休，进行毫无意义的对话，不如干脆利落地中止会谈。

"对不起，我忽然想起有点儿事还没有处理，我先走了。"

"今天的谈话就到这里，下次再说吧。"

下一次见面会如何呢？业务可能会谈成，也可能谈不成，但突然中止谈话，至少可以给客户留下深刻的印象——这个家伙做事干脆利落，跟其他那些絮絮叨叨的推销员真的很不一样！

02
切腹的赌约

"快走快走，别打扰我了！"相信每个保险推销员都听过这样的话，原一平自然也不例外。

"我已经说过，我不买保险。你快走吧，别耽误我的时间。"客户坐在沙发上，不耐烦地挥了挥手，示意原一平赶快走。

"为什么呢？"

"不为什么，我只是不想买保险。"

"这样吧，我们打一个赌。"原一平紧紧盯着对方。

对方一下来了兴致："赌什么？"

"给我一点时间，让我介绍一下保险。如果介绍之后，你还是不愿意买保险，我就在你面前切腹自尽。"

"啊！"客户一惊，"你这家伙是不是疯了？你是说真的吗？"

二战结束前，切腹在日本是一种相当流行的自杀方式；二战结束后，在美国的管制下，只有一小部分的武士道崇拜者迷恋此道，在大多数人看来，它完全是旧时代的陈规陋习，野蛮而且残忍。

"当然是真的了。"原一平认真地看着客户。就在对方的表情逐渐僵硬，甚至显出有些恐惧的时候，原一平扑哧一下笑了，说道："你看我像是认真的吗？"

听到这句话，客户紧张的心情一下放松了，也不由被原一平刚才说切腹时那一脸认真的样子逗笑了："你真是个有意思的家伙。那我就给你一点时间，让你介绍你的保险吧。"

拜访客户之前，原一平做足了准备，尽可能地了解客户的情况，非常清楚从哪里入手才能勾起对方的投保意愿。所以，得到开口的机会后，他"对症下药"，寥寥数语就攻破了对方的心理防线，然后再声情并茂地讲述购买保险的种种好处，最终顺利地签下这一单。

换句话说，对原一平而言，拿下客户并不是难事，得到开口说话的机会才是最大的难题。这也是他为什么与客户立下切腹赌约的原因，因为只有这样，他才能绝地反击。用兵法里的话来说就是"置之死地而后生"。

不同的国家有不同的国民性格，日本人的国民性格比较"中二"，所以原一平用切腹这么夸张的方式，为自己争取到开口说话的机会。然而在中国，如果一个保险推销员对客户说"你不让我说话，我就死在你面前"，那么不用怀疑，推销员一定会被当作精神病患者轰出去。

虽然原一平的话术，我们无法原样照搬，但是他争取说话机会的方法是可以借鉴的。

作为一名保险推销员，如果遇到态度冷漠甚至粗暴的客户，我们应该怎么应对呢？

大多数人的做法是马上撤退，以免遭到更无礼的对待。这是没有办法的办法，也是下策。有的人会"厚着脸皮"硬上，对客户的无礼置若罔闻，坚持到无法坚持，努力到无能为力。这是中策，十有八九不会有结果，反而会激起客户更大的反感。

上策是什么呢？刚才讲述原一平的亲身经历时，我们已经把答案说出来了，那就是换个角度切入，想方设法让客户先闭嘴，为自己争取到说话的机会。不过这个方法因人而异，没有一定之规，需要推销员根据客户的特点随机应变，临时想办法。这既是对推销员业务素养的考验，也是对所谓的话术的考验。

说到这里，有的人可能会有疑惑：业务素养和话术不是一体的吗？话术难道不是被包含在业务素养当中的吗？为什么要把它们分开说呢？

事实上，业务素养和话术有交叉之处，但并不完全是一回事。

业务素养指的是推销员对工作内容的了解，比如保险有哪些不同的种类，不同的险种有哪些不一样的长处和短板，应该怎么搭配才能使客户的收益最大化。

话术是什么呢？很多人对话术有误解，总是认为话术意味着对客户的欺骗、隐瞒、诱导，报喜不报忧，只说产品的优点，却不说产品的缺点。其实，话术并非如此，它主要包括两个方面：第一个方面是，用精确而有感染力的语言，表达出产品的优缺点，不欺骗，不隐瞒，使客户对产品产生信任感；第二个方面是，以闲聊式的、具有亲和力的语言，拉近与客户的距离，使客户对推销员本人产生信任感。

这两个方面很难说孰轻孰重，只有先后之分。一般来说，第一步是拉近与客户的距离，使客户对推销员产生信任感，第二步才是使客户对产品产生信任感。但不管怎么说，具备高超的话术都是非常有必要的。作为一名保险推销员，既要懂得怎么推销自己的产品，也要懂得怎么推销自己，二者皆不可偏废。因为只有先把自己推销出去，争取到开口说话的机会，才能更好地去推销产品。

那么，我们应该怎么提升话术呢？这是一个比较复杂的问题，后面我们将会做具体讲解。在这里，我们暂且只说三个原则。

第一，每个人的口头表达能力都是不一样的，有的人口齿伶俐，有的人不善言辞，但是，话术的提升和表达能力没有太大的关系。口齿伶俐的人可以用能说会道的话术打动客户，不善言辞的人可以用诚恳的话术打动客户，有时候，诚恳的话术反而比能说会道的话术更能打动人心。

第二，话术的提升很大程度上依赖于知识的丰富程度，在这方面，能说会道的人和不善言辞的人的起点都是一样的。

第三，话术的提升更依赖于对客户的认知，或者说，客户是可以分为许多类别的，比如热情的、冷漠的、粗暴的、自诩为专家的，针对不同的客户，应该采用不同的话术，关于这一点，我们也将在后面的篇章中逐渐展开。

03
交心的保单

有一次，一个朋友告诉原一平，他认识一个电气公司的社长。原一平听完心喜，当下央求朋友写了一封介绍信，然后带着信去拜访了那个叫山木健次的社长。

看完介绍信，山木健次先给原一平泼了一盆冷水："原一平君，实在是对不住您，您来晚了。实不相瞒，前几天我刚买了一份保险，再买没有必要。如果您还想让我买保险的话，请您打道回府吧。"

如果换作别人，听完这句话可能就会失望而归了，但从事保险推销行业这么多年，原一平总结出了一个道理——即使保险卖不成，也要设法与客户结缘。作为一名保险推销员，目光绝不能短浅，只要人缘在，以后就有签单的可能。

"那可真是恭喜您了！没关系，买不买我的保险无所谓，我们能交个朋友就好。"原一平说。

"那当然好了，我这个人是从来不嫌朋友多的，快请坐。"山木健次请原一平坐下，热情地寒暄起来。

交朋友是交心，如果只是浮于表面的寒暄，那是根本没有意义的。原一平明白这个道理，所以简单寒暄之后，他敬佩地说道："山木先生，看您的样子，我们应该是同龄人，可我现在只是一个小小的保险推销员，而您已经是电气公司的社长了。"

一听这话，山木健次流露出了几分得意之情。这也是人之常情，世界上没有几个不喜欢听恭维话的人。

通过观察山木健次的脸色，原一平趁热打铁，问了一个直击人心的问题："您能告诉我，您是怎么成功的吗？"

听到这句话，山木健次的脸上又浮现出了几分伤感。原一平立刻敏锐地获得了一个准确的信息——自己马上就要走进山木健次的心里了。

接下来是一场长谈，山木健次好像忘记了时间，从自己的穷苦出身开始说起，说到艰苦的创业经历，说到一步一步走过来的艰难，说到动情之处，甚至有好几次眼眶泛红。大多数时间里，原一平只是无声而认真地倾听着，只有在山木健次哽咽的时候，他才会轻轻地拍拍对方的肩膀，用充满勉励的口气说："一切都过去了，以后您的事业会越做越好。"

忽然，秘书敲门进来，说有重要的文件要山木健次签字，这时候山木健次才反应过来，不知不觉快过去四个小时了。秘书离开后，原一平见时间不早，起身告辞。这时候，山木健次问道："原一平君，您有什么事情是我能帮得上忙的吗？"

"没有，"原一平礼貌地说，"山木先生，谢谢您对我说心里话。如果说您愿意帮忙的话，我希望这个忙就是，以后您能把我当作好朋友。"

眼眶还红着的山木健次笑道："从现在开始，我们就是朋友了，以后欢迎您随时来做客。"

一个多月后，原一平再次来到了山木健次的公司。这一次前来拜访，他带了一份文件，不过不是与保险有关的文件，而是一份关于电气公司未来发展的企划书。在过去这一个多月里，对电气行业一无所知的原一平尽最大的努力去了解这个行业的现状，然后在工作的空闲时间里做了这一份企划书。

"原一平君，真是太感谢您了，连我们公司内部的人也做不出这么完美的企划书。"山木健次一边看企划书一边夸赞。

说实话，原一平虽然已经尽力，但他毕竟不是电气行业的人，并不确定自己做的这份企划书对山木健次有多大的价值。不过，他能看出来，山木健次的夸赞里并不全是客套的成分。"或许，我做的企划书真的有些价值吧。"原一平想。

"山木先生太客气了。我毕竟是行业外的人，哪能跟您这样的专业人士相提并论呢？"

这次会面又是一场长谈，但与上一次不同的是，原一平这次离开山木健次的公司时，公文包里多了两份保单，一份是电气公司副社长购买的价值 100 万日元的保单，另一份是社长秘书购买的价值 25 万日元的保单。

之后的十多年里，山木健次把自己在别的保险公司买的人寿保险转移到了明治保险公司，并且让所有有投保意愿的员工都找原一平签单。

"坚持就是胜利！"我们经常听到这样的话，也有很多人把这句话奉为圭臬。但坚持真的就意味着胜利吗？恐怕并非如此。就像凿石头，找到石头的纹路后，开凿时不用费多少力气就能达到事半功倍的效果，相反，若盲目乱凿，即使能凿开石头，恐怕也会白白耗费许多力气。所以，在许多情况下，与其做无谓的坚持，不如后退一步，想一想有没有更好的办法节省力气，使坚持的效果最大化。

那么，在保险推销中，最为节省力气的办法是什么呢？其实就是我们老生常谈的一句话——换位思考，站在客户的立场上想问题。

原一平之所以能够成为日本保险业的"推销之神"，极为重要的一个原因，就是他一直努力站在客户的立场上为客户考虑。如果他觉得客户的投保金额超过了投保需求，他会对客户说明实情，建议客户降低投保金额，不必花费多余的钱；同样，如果他觉得客户的投保金额不能满足投保需求，也会直截了当地告诉客户，建议客户投入更多的保费。

很多保险推销员目光短浅，一听说客户有投保需求，就把保险说得天花乱坠，恨不得让客户把所有的险种都买一份；或者，一听说客户没有投保需求，立刻就摆出一张"不跟你浪费时间"的冷脸。

这两种工作态度都是不可取的。我们必须记住一点：只有让客户感受到你为他着想的诚意，客户才有可能成为真正的客户。而推销的最高境界，就是让客户认可你的诚意，觉得你是真正能帮助他的朋友。即使遇到最坏的情况——客户丝毫没有投保意愿——你也应该尽己所能地为客户做点儿事情，与客户交心，让客户对你产生好感。因为，这一点好感，或许就是你的事业日后得到发展的引线。

04
推销员的尊严

保险推销属于服务业。凡是从事服务业的人，几乎都有一个共识——缺乏尊严。比如，饭店服务员常常被称为"端盘子的"，环卫工常常被称为"扫大街的"，外卖员常常被称为"跑腿的"，保安常常被称为"看大门的"……与这些职业相比，保险推销员的"待遇"似乎更差一些，很多时候，他们被人蔑称为"骗子"，他们所从事的行业则被蔑称为"骗子行业"。

原一平很讲究仪表，即使穷困潦倒的时候也是如此，就算他穿得不好，至少也会做到整洁。但"老虎也有打盹的时候"，像原一平这样一个讲究仪表的人，有一天竟然会因为衣冠不整而被客户指责为骗子。

这天，原一平一整天都在外面奔波忙碌。因为当天的客户都是前一天打电话约好的，只需要见面后签个字就可以，所以轮到最后一个客户的时候，原一平急于签单回家，没有发觉这一天跑下来，风尘仆仆，连帽子都歪了。

"咚咚咚……"原一平敲了敲门。

门开了，客户一见原一平，脸色立刻一变。原一平一头雾水，不知道自己究竟有什么不对。客户阴沉着脸，侧身引原一平进入房间。

进入门厅后，原一平打开公文包，拿出拟好的合同，恭恭敬敬地递给客户。"这是合同，具体条款我们昨天已经打电话确认过了，麻烦您签字吧。"

"混账东西！你这是什么态度！竟然歪戴着帽子跟我说话，成何体统！我信任你才在你这里买保险，可你看看自己的样子！怪不得别人都说干你们这一行的都是骗子！没修养！轻浮！给你们一点儿好脸色你们就得意忘形，丝毫不把客户放在眼里！"

原一平从公文包里掏出小镜子一看，一下子愣住了，只见镜子里的自己灰头土脸，帽子歪歪斜斜地搭在头上，看起来的确像是一个没有"人样"的混混儿。

"对不起，对不起。"原一平赶快摘下帽子，"都怪我马马虎虎，把您当成了自己人，所以才如此不拘小节，请您原谅！"说完，原一平深深地鞠了一个大躬。

在这之前，原一平接触过无数客户，遇见过各种棘手的状况，被数落过、责难过，可是被人骂"混账东西"还是头一回。

站在客户的立场上来讲，自己被一个衣冠不整的推销人员接待，心里难免有些生气，可他口不择言，骂原一平是"混账东西"，还骂保险推销员都是"骗子"，就未免有些过火了。

"我的确有错，但您也没有必要这样出言伤人吧！"如果原一平当时这样说，客户一定会哑口无言。

想当初，在串田万藏的办公室受挫的时候，原一平可是一副天不怕地不怕的派头，连串田万藏这样的大人物都敢顶撞。可他如今为什么反而会在一个身价远不如串田万藏的人面前如此低声下气，如此不顾尊严地道歉呢？

之所以如此，是因为当初在串田万藏的办公室受挫的时候，原一平认为自己没有做错什么，而眼下，他却清楚地知道是自己有错在先。如果错在别人，自己无论如何都不会向别人认错；如果错在自己，无论别人做错什么、说错什么，自己都要向别人道歉。这就是原一平对待所谓的尊严的态度。

原一平鞠躬之后，客户被吓了一跳，因为他没有想到原一平竟然会有这么大的反应，如此一来，他反而觉得不好意思了。

"如果您原谅我的话，我们就握个手吧，真的希望得到您的谅解。"看着客户的眼睛，原一平认真地说。

"这又是何必呢！你也不是故意的。赶快起来吧，我也有错，错在不该动不动就发怒。"刚才还大发雷霆的客户伸出了手。

一场剑拔弩张的争端就这样被化解了。客户原定的计划是签一张价值 5 万日元的保单，结果，因为原一平的诚恳道歉，他把投保金额提升到了原来的 4 倍，并且后来与原一平成了无话不说的好友。

对此，原一平多年后深有感触地说："人与人之间的交往很奇妙，大吵一架的人反而会变成真朋友。因为一时的冲动，两个人会被迫坦诚相见，暴露出彼此平常所看不到的缺点。当两个人以真面目相交时，彼此才真正算是心灵相通。"

此外，他还说了一句有关尊严的话："即使我们失败了或做错了，但只要记得立刻尽力补救，就不会那么可怕。遇到失败，却因为所谓的自尊胡搅蛮缠，而不敢面对现实，那才是真正的失败。知道自己做错，就要开口认错，大大方方地改过自新，这才是保持尊严的最为迷人的做法。"

行业无贵贱，职业无高低。许多人之所以觉得服务业低人一等，是因为他们认为服务业是务虚的，或者说，他们认为服务业提供的产品是看不见的，所以必须低声下气才能把"看不见的产品"卖出去，但这其实是一种错误的观念。就保险推销行业而言，当你把保险卖给客户，从而为客户的生命安全、财产安全提供保障的时候，客户所得到的保障本身就是一种实实在在的产品。再换个角度来说，哪个行业所提供的产品本质上不是通过服务于他人而实现价值的呢？

因此，无论从事什么职业，我们都要正视职业本身，不要高看谁一眼，也不要觉得低谁一头，因为只有正视自己的职业，我们才能树立正确的职业自尊心。就像原一平所说的那样，"我热爱自己的职业，我始终认为我从事的职业能实现我的价值，维护我作为一个人、作为一名保险推销员的尊严，这样我才能前进"。

05
"名侦探"原一平

在昭和时代的日本保险业内部，原一平有个绰号叫"侦探"。之所以得到这个称号，是因为他搜集客户资料的能力特别强。在这一节当中，我们将详细讲一个案例，希望对从事保险推销行业的人员有所启发。

我们每个人都遇到过堵车或者等红灯的情况，每当此时，我们总会不由自主地左顾右盼，打发时间，然后与映入眼帘的一切迅速作别，留下一点若有若无的记忆。但对于原一平来说，在这看似无聊乏味的片刻等待中，却孕育着无限的成功可能。

某次，原一平有急事外出，便打了一辆出租车。汽车经过一个路口时恰巧遇到红灯，他无意中一扭头，看见旁边的车里坐着一个看起来很体面的白发老人。就在他摇下车窗，打算与老人搭讪的时候，绿灯亮了，老人乘坐的汽车绝尘而去。

如果没有别的事情，原一平当时就会让出租车司机追上去，可当时他有要事在身，只能暂时放弃"猎物"。之所以说是暂时，是因为他记下了老人乘坐的汽车的车牌号。

处理完当天的紧要事情后，原一平当即采取行动，给陆运局打了一个电话，请其帮忙查一下那个车牌号属于东京的哪个町①。之后，他又给相应的町的陆运所打了一个电话，查到了那辆车属于哪个公司，以及车主的姓名。

看起来，调查工作可以到此为止了，接下来要做的就是登门拜访，用话术和专业技能打动客户，劝说客户投保。但原一平并不这样认为，在他看来，调查工作至此只能算是完成了一小部分。随后，他迅速查阅商业名人录和地方名人录，并且给车主所在的地方商会打了一个电话，对车主有了一个大致的了解，比如车主的出生地、所属行业、公司在业内的地位等。

几十年后，原一平讲到这段经历时，池宫健一惊讶地说："事情做到这种程度，已经到了可以采取行动的地步了吧？"原一平说："不是的。这些信息，谁都查得到。营销人员的调查，必须与众不同，必须是第一手的。"

几天后，原一平拿着地图来到了车主的住宅附近。当天，他的目的是走访车主的邻居，尽可能详细地做周边调查。

车主的住宅在一个宁静的住宅区一角，住宅的围墙是石头砌成的，住宅的造型相当独特，有一个漂亮的阳台，正对着一片碧绿的草坪。庭院一隅有一间很现代化的温室，墙上涂着当时最流行的驼色，周围是茂密的小树丛。由此，原一平得出一个结论——车主是一个相当有闲情雅趣的人。

----

① 相当于我们所说的市里的区。

观察完住宅后，原一平将看到的一切记在脑海里，然后沿着住宅所在的街道缓缓前行，不时进入客流比较多的小酒馆、鲜鱼店、杂货店里打探消息。

"您好，我想问一下，您认识那所住宅的主人吗？"

"认识呀，而且我们很熟。"

"他们家都是谁负责买菜？"

"嗯，多数是他太太吧，有时候他女儿也会来……"

话匣子一打开，车主的嗜好、作息、消费习惯、家庭成员、邻里关系等信息，全都展露在原一平面前。这一天，原一平大多数时间里都在跟这条街上不同的人聊天，目的就是尽量面面俱到地了解车主。到这一天的工作结束时，尽管他从未与车主打过照面，从来没有交谈过一句话，但对他来说，车主已经差不多是一个认识多年的老朋友了。

接下来是最后的调查。

每个人至少有两张脸，一张是给别人看的脸，一张是只有自己知道的脸，而一个人的本性则隐藏在第二张脸当中。原一平所做的最后的调查，就是亲自跟踪，探查车主私下的活动轨迹。

第二天黄昏时分，原一平驾车来到了车主所在公司的停车场外安静地等待着。终于，下班时间到了。大门口的人流高峰期过了好大一会儿之后，车主带着司机从办公楼里走出来上了车。原一平马上发动汽车，做好了跟踪的准备。

车主会去小酒馆喝酒吗？他有没有背地里私会的小情人呢？跟踪的路上，原一平不停地揣测着。但他的揣测都错了，车主下班后径直回到了家里。随后几天，原一平又跟踪了几次，但一次也没有发现车主有什么异常。由此，他做出推断——车主是个很顾家的人。这也就意味着，如果能让车主投保，就有很大的可能让他也为自己的家人投保。

这一单最终做成了，而且做得相当顺利。车主第一次与原一平正式会面时，就对原一平颇有好感，他给自己买了一份人寿保险，也给所有的家庭成员都买了同样的保险。

"总有许多年轻人问我准备客户资料有什么诀窍，依我看来，诀窍无非就是两点。第一点是用眼睛看，多留心。如果做不到这一点，即使客户从你面前经过，对你来说也只是个素不相识的路人罢了。第二点是用腿走。做营销的人，一定要像侦探那样去工作，如果只做半吊子的调查，那根本无法描绘出客户的形象。不了解客户，我们就不知道该抱持怎样的态度，该对客户采取怎样的行动。难道要见面之后再随机应变吗？那是不负责任的做法，也是瞧不起客户的做法。"

"总而言之，"原一平很笃定地说，"所谓的事前调查，必须要达到一个标准——正式约见客户之前，在你的心里，你已经把他当成你认识十年的朋友了。"

06
把保险卖给麦克阿瑟

随着事业的节节攀升，原一平的野心越来越大，为了追求事业上的突破，他竟然产生了把保险卖给日本首相的想法。

首相府邸戒备森严，一般人根本不敢靠近，但在强烈得近乎偏执的事业心的驱动下，原一平却向首相府邸发动了"进攻"。毫无意外，他被守卫挡住了。对于这种被拒绝的经历，原一平并不陌生，以前他开拓大客户时，就总是被大客户的秘书挡回来，但秘书通常是礼貌的，而首相府邸的守卫却几乎是驱赶一样把他轰走了。

之后，经过几天的观察，原一平发现，要想堂而皇之地进入首相府邸是绝对不可能的，除非自己是政府高官。然而，虽然人进不去，但信是可以进去的。想好办法之后，他用了好几天的时间，在久惠的帮助下，异常认真地给首相写了一封信，并在信后附上了自己的履历说明。

原一平是一个永远不会满足现状的人，从不向所谓的界限妥协。但他也知道，保险推销绝不可能每一单都成功，况且是把保险卖给首相这种级别的大客户。因此，书信寄出去以后，原一平的心态是坦然的，做好了面对失败的准备。

出乎意料的是，几天后，原一平居然收到了首相秘书的回信，邀请他到首相府邸会面。

会面那天，原一平按照约定来到了首相府邸。他先被秘书领进了会客室；过了一会儿，有人邀请他到另一间会客室；在这里等了一会儿，又有人邀请他到另一间会客室……直到会客室被更换七次之后，原一平才见到首相及其夫人，并且签下了两份保单，但此时他已经不知道自己身在何处了。

就保单金额而言，首相及其夫人的投保金额并不大，但对于原一平来说，这给予他的却是工作信念和工作热情上的巨大奖励。不久，信心大增的他故技重施，又给另一个大人物写了一封信。这个大人物的权力非常大，连天皇都无法与之相比，他就是大名鼎鼎的麦克阿瑟将军。与写给首相的书信一样，原一平清楚说明了自己的身份和求见的理由。

因为上一次的成功，寄出书信时，原一平对约见麦克阿瑟抱有很大的希望。但书信寄出去以后，他忽然发现一个问题——麦克阿瑟是美国人，他写的书信用的却是日文。

"完了！这一封信白写了！"察觉到自己的疏漏后，原一平叫苦不迭，打算找一个懂英文的人帮助自己再给麦克阿瑟写一封信。可是，他连人选都还没有物色好，麦克阿瑟的回信就到了。

与首相那公文式的正式回信相比，麦克阿瑟的回信显得很随意，就像随手写下的便条，连字句都没有斟酌过。信里只有一句话——请你随时来见面。

原一平不懂英文，所以与麦克阿瑟会面的那天，他带了一名翻译员。听原一平讲完购买人寿保险的种种好处后，麦克阿瑟本人没有说什么，他的夫人却问道："听你的介绍，人寿保险好像真的不错，可是，如果我们以后离开日本的话怎么办？"

根据多年的推销经验，一听这句话，原一平立刻断定，麦克阿瑟的夫人十有八九有投保意愿，于是他立刻从专业角度对对方的问题做出了回答。麦克阿瑟的夫人微笑着听了翻译员的转述后，说自己需要再想想，然后就礼貌地请秘书送走了原一平和翻译员。

走在回家的路上，原一平简直想高兴地在大街上大喊大叫。如果能签下麦克阿瑟夫人的保单，那真是无上的荣幸，在日本必定会成为轰动业界的大事。可是，他刚回到公司，美梦就破灭了——麦克阿瑟的秘书打来电话，说麦克阿瑟夫妇都没有投保意愿。

这是怎么回事？刚才在麦克阿瑟的府邸不是还说得好好的吗？原一平百思不得其解，但后来他想明白了。

第一，麦克阿瑟的夫人问那个问题只是出于客套，不愿让原一平太难堪，但原一平误会了对方的意思，以为她十有八九有投保意愿。

第二，原一平本身是个很有语言感染力的人，说话的时候往往配合着表情语言和肢体语言，但是与麦克阿瑟夫妇会面那天，他太拘谨，表情语言和肢体语言的发挥很有限，口头语言也干瘪乏味。翻译员的使命只是传达口头语言，而不传达表情语言和肢体语言，所以，经过翻译之后，原一平那有限的表情语言和肢体语言被彻底抹除了，唯一保留下来的只有干瘪乏味的口头语言。

"表情、语言和肢体的搭配，在任何时候都应该是统一的，不论与哪种客户见面，都不能顾此失彼。"这是原一平铩羽而归之后最深的感触。后来，在翻译员的陪同下，他签过许多国外客户，尽管他依然不懂英语，但经过"麦克阿瑟事件"的教训，他学到了一个极为有用的经验——为了弥补无法直接用口头语言进行交流的缺陷，必须尽力把表情语言和肢体语言的作用发挥到最大。

晚年时，回想起当年向首相和麦克阿瑟"进攻"的壮举，他对池宫健一说："如果相信自己的想法是正确的，却还去担心它的结果，我认为根本毫无必要。不用担心，鼓起勇气，做了再说。即使可能会遇到最坏的结果，它也不会要你的命。相信自己是正确的，那就必须完成它。也许会碰到厚厚的墙壁，撞得粉身碎骨，可是即便如此，也一定可以从粉身碎骨的经验中，找到一些过去不会想到的新方法、新窍门。做了再说是最重要的。只要做了，不论结果如何，一定会有成长的机会。"

勇往直前

销售之神原一平传

下 篇

————

推销员手记

第五章

推销员应该克服的五种负面心理

很多人认为失败没有价值，但我并不这样看，我认为，每一次失败都是下一次成功的铺垫。

——原一平

01
粗心：七十一次拜访

原一平被誉为"推销之神"，推销生涯中签下的保单不计其数。年轻的时候，为了拿下一个大客户，原一平先后历时四年，拜访该客户七十一次，最终也创下了比他入行以来的最高业绩还要高五倍的销售纪录。但在他看来，这却是一次失败的经历。

为什么如此之高的销售额，反而是一次失败的经历呢？

这件事发生在原一平的事业刚刚有起色的时候。有一次，原一平与一个代理商聊天，无意中得知代理商认识一个知名公司的社长。发现自己身边居然有这么一个大宝藏，原一平喜出望外。拿到介绍信之后，他第二天就兴冲冲地赶往那个社长的府邸。按响门铃之后，等了好大一会儿，出来了一位白发苍苍的老先生。原一平说明来意之后，老先生带着歉意说："真是不巧，社长今天正好有事外出了，请您改天再来吧。"

第二天，原一平再次登门拜访，开门的依然是那位老先生，还是说社长有事外出了。

一开始，原一平并没有往别处想，但连续拜访几次后，他渐渐发现事情有些不对劲。过去的这几次拜访，他都是换着时间去的，有时候是上午，有时候是下午，有时候是晚上，就算社长再忙，也不可能每次都不在吧！

换作别人，碰壁这么多次后，早就打退堂鼓了，但原一平越挫越勇，觉得只要自己锲而不舍地继续拜访，终究有一天能感动对方。

然而，人的耐心终究是有限的。在第七十一次拜访的时候，再次被老先生拒之门外的原一平崩溃了，觉得没有必要再坚持下去了。告别老先生之后，他看到附近有一个小酒馆，于是走进去要了一杯酒，一边借酒浇愁，一边和酒馆老板聊天。

"对面那个府邸里的社长到底是什么样的人？你见过他吗？"

"噢，你问社长啊？刚才在府邸外清扫下水道的那个老头子就是。"

"什么？"

原一平怒气冲冲霍地站起来，但他不是因为那个躲躲藏藏的社长生气，而是生自己的气。原来那个拒绝了他七十一次的老先生，就是他要拜访的大客户本人。

世上的事情就是这么荒唐。为了成交这单，原一平做了大量的准备工作，但唯独忘记了问那个社长长什么样子。就是因为这个看似无关紧要的疏漏，他跑了四年。

一气之下，原一平冲到府邸前，一见社长露面就怒气冲冲地说："你这种糟老头子，哪有投保的资格？如果早知道社长就是你，我就不会找你了。"

此时，原一平已经不想保单的事了，只是想单纯地发泄一下怒气，但社长也是一个倔强的人，否则就不会拒绝原一平七十一次。一听原一平的话，他马上还口："你凭什么说我不能投保？"

"看你的样子病恹恹的，我们是不会让你这样的人投保的。"

"如果我能投保的话，你怎么补偿我？"

"我敢打赌，你绝对没有投保资格。"

一来二去的争执中，两个牛脾气的人立下一个赌约，相约去医院做一个健康检查。结果证明，社长的确没有投保资格。虽然社长不能投保，但他被原一平身上那股"蛮劲"打动了，为了表示歉意，他给自己的家人买了保险，并且让公司所有员工都做了原一平的客户。

就这样，原一平创下了从业以来的最高销售纪录。但面对巨大的成功，原一平的心里却充满挫败感，因为成功来得太意外。与这种从天而降的成功相比，他更为青睐那种一步一个脚印走出来的成功。

显然，原一平犯了粗心的错误。粗心往往是因为工作态度不认真、马马虎虎，但原一平的工作热情在业界是有目共睹的，所以他的错误绝不是由于工作态度引起的。对于他所犯的这一类错误，我们称其为"隐性粗心"。

美国著名心理学家丹尼尔·卡尼曼 ① 认为，人的思维系统分为两个系统：系统一处于活跃状态，自主运行，可以解决生活中的大部分问题；系统二一般处于放松状态，只有在系统一运行受阻时才会被激活。

通俗地说，系统一的运行本质上受经验指导，经验无法解决的问题，才由系统二处理。而我们所说的隐性粗心，就隐藏在对经验的依赖中。对保险推销员而言，隐性粗心是我们职业生涯中的"地雷"，不容易察觉，被引爆的时候才能知道其危害有多大。

拿原一平的这个案例来说，他拜访客户七十一次，却没有意识到自己不知道客户的相貌，这是因为系统一在告诉他，客户的相貌是无关紧要的小事。等到问题暴露出来，他才意识到这个细节的重要性，并在系统二的促使下，去思索以后应该怎么做。

后来，再开发新客户，原一平做的第一件事，就是想办法得

① 丹尼尔·卡尼曼：1934 年出生在以色列，拥有以色列和美国双重国籍。1954 年毕业于希伯来大学，获心理学学士学位，2002 年因参与在不确定状况下的决策研究而获得诺贝尔经济学奖。

第五章 推销员应该克服的五种负面心理

到客户的照片，请中间人提供，或者跟踪客户偷拍，以便加深对客户的印象和亲切感。

在现代社会，偷拍是不允许的，但原一平做事异常认真的精神，无疑是值得我们学习的。比如，为避免隐性粗心的问题，最为简单的方式就是随手记。原一平准备了一个可以随身携带的备忘录，犯一次粗心的错误就记录一次。他经常将备忘录拿出来看，提醒自己别再犯类似的错误。

此外，原一平还有其他一些避免隐性粗心的方法，比如确定准客户之后，为客户建立资料库，逐项添加信息，彻底做好调查工作，绝不莽撞。用他自己的话来说就是，"准备工作做到力所能及的完美之前，绝对不跟客户见面"。

以此为参考，我们在工作中也可以效仿原一平，做一个详细的客户信息表，列出客户的年龄、性别、性格、资产状况、家庭状况、投保需求等信息。在正式拜访客户之前，切记把所有的信息都检核一遍，看看是否有遗漏。

我们在前面讲过，原一平还有个习惯，那就是每次正式与客户会谈之前，他都会把客户的资料交给久惠，请久惠代入客户的角色进行模拟谈话，并把谈话要点记录下来，划出疑问点，仔细思考是否有因粗心而被遗漏的地方。

这种方法叫"虚拟情境"。我们知道，在核查资料的时候，我们有充足的时间可以随时停下来进行深入思考，但对话的时候，思考间隙则是很短暂的，而对话卡壳的地方，往往就是由于粗心而被疏漏的地方。如果条件许可，我们也可以采用这个方法查缺补漏，规避隐性粗心的问题。

以上所说的这几种方法，都是原一平从自己的工作经验中总结出来的，我们所做的延伸，也都是在此基础上进行的。尽管它们不可能解决我们在实际工作中遇到的所有问题，但我们不妨把这些方法当作解决隐性粗心问题的参照。

俗话说，千里之堤，毁于蚁穴。对于隐性粗心，我们应该有清醒的认识，不能因为问题还没有暴露就无动于衷。我们必须知道，它往往就是毁掉我们事业的"蚁穴"，如果得不到解决，我们在保险推销的职业生涯中就很难取得飞跃性的提升。

02

自卑：推销员的“毒品”

“太难了，根本没有成功的可能。”

“我不行，还是放弃吧。”

“×××太优秀了，我根本没办法和人家比。”

“还是不要试了，以免丢人现眼。”

…………

生活中，我们一定产生过类似的念头，或者说过类似的话。在心理学上，我们称这种心态为“自卑”。所谓自卑，指的是一个人与别人比较时，由于低估自己而产生的一种情绪。

在许多人的认知当中，自卑是一种心理疾病，但这种认知其实并不准确。换而言之，严重的自卑才是心理疾病，可能导致自闭甚至犯罪；在严重程度以下，自卑只能算是一种心理缺陷。但这并不意味着自卑可以被等闲视之，相反，它会像慢性毒品一样渐渐腐蚀人的心智，使人缺乏进取的动力，虚掷光阴，乃至荒废一生。

事实上，每个人都有不同程度的自卑心理，只是有时候它隐藏得比较深，不容易暴露出来。比如，因为面对的任务过于棘手而缺乏承担的勇气时，我们总是会告诉自己，"人贵有自知之明"，不要勉强自己去做无力承担的事；再比如，面对一个我们或许有能力完成，但又不是十分有把握的任务时，我们就会告诉自己，"枪打出头鸟"，这种有风险的事情还是让别人去做好了。

真的是"人贵有自知之明"吗？恐怕未必。真的是"枪打出头鸟"吗？恐怕也不是。本质上来说，这种心态都是自卑心理的反映。

厨师可以只在厨房中忙碌，程序员可以只在电脑前忙碌，科研工作者可以只在实验室里忙碌，文字工作者甚至可以闭门不出，但保险推销员不能这样做。因为保险推销是一种必须直接与人打交道的工作，而且每天都要面对形形色色的人。如果见到陌生人就百般拘谨，扭扭捏捏，甚至连张口说话的勇气都没有，那么这样的人能不能胜任保险推销工作，就得打一个大大的问号了。

不过，这并不意味着有自卑心理的人绝对无法胜任保险推销工作，原一平就是一个活生生的例子。

原一平原是乡村恶少，天不怕地不怕，早年间他并没有察觉到自己有多少自卑心理。他只有在久惠面前才会偶尔产生一些自卑情绪，但这种自卑也不是严格意义上的自卑，而是夹杂着青春期情愫的心灵悸动。原一平真正意识到自己有自卑心理的时候，是在认识小泉信三之后。这种自卑感既来自身份，更来自修养和眼界。因为这时候原一平才认识到，如果不跨越修养和眼界这一道鸿沟，自己就无法进入上流社会——或者说是大客户的圈子。原一平克服这种自卑心理的方式是猛学苦学，为青少年时代荒废学业补课。

对保险推销员而言，应该如何克服因其他原因而造成的自卑心理呢？

首先，我们应该对号入座，确认自身自卑心理的类型。一般来说，自卑心理的类型有以下三种。

（一）依赖型自卑。这种自卑心理往往因为童年或者少年时代对父母过度依赖，导致自身缺乏成就感和自信心。其结果是，遇到难题的第一反应就是向父母或者更有能力的人求助，自己不敢尝试。

（二）比较型自卑。这种自卑心理的特点，是对自身缺乏清醒的认识，对自己的长处视而不见，反而惯于用自己的短处去跟别人的长处相比。

（三）苛责型自卑。有些人过于理想主义、完美主义，考虑问题的时候追求最大的确定性，希望每一步都能在计划之中达到预期的最好效果，一旦哪个步骤出现不确定的问题，自身就会焦虑不堪，继而放弃所有的一切，就像因为一个虫眼而扔掉整个苹果。

那么，这些自卑心理应该如何克服呢？

就依赖型自卑而言，它的本质是人会躲在自己的小世界里，不敢与陌生的外界接触。所以要克服这种自卑心理，最为关键的一点，是走出舒适区，强化自我的存在感，逐步摆脱对别人的依赖。最为直接也最为简单的做法，是尝试去跟不同类型的人接触，比如在每天上下班的路上，在家附近散步的时候，或者等电梯的时候，主动跟经常遇到的人打招呼。或许当我们这样做的时候，有的人会无动于衷，漠然以对，但我们要相信，大多数人都是有善意的，只要我们表现出善意和热情，对方一般也会投桃报李。

虽然跟别人打招呼这种方式微不足道，但它恰恰是克服依赖型自卑的支点。或者说，当我们通过这种方式尝试着敞开心扉的时候，渐渐就会发现，陌生的外界与我们熟悉的世界并没有太大的不同。

从某种程度上来说，比较型自卑的本质是眼界大小的问题。比如，比较谁程序写得好，我们不会跟雷军比；比较谁跑得快，我们不会跟博尔特比；比较谁财产多，我们不会跟盖茨比；比较谁推销保险的技能高，我们肯定不会跟原一平比……但是，我们一定会跟身边的人比较，比如同事或朋友。

喜欢跟别人做比较，某些情况下是好事，因为比较就是设定目标，会激发我们的斗志，但如果因为跟别人做比较而导致自卑心理，就未免得不偿失了。与其和"次等优秀"的人比较，为什么我们不和"更为优秀""最优秀"的人比较呢？或许我们达不到这些人的水平，但我们不要忘记，即使登珠峰失败，成就感也远远大于爬上一座小土丘。所以说，某种程度上，比较型自卑的本质是眼界大小的问题。

开阔眼界的方法有很多，比如像原一平那样，读书、学习、与更有见识的人交往。除此之外，克服比较型自卑心理还有一种最为基本的方法，也是老生常谈的一种方法——人最大的敌人是自己，与其跟别人比较，不如跟自己相比。哪怕只是比以前的自己进步一点点，日积月累的成果也是很大的。

具有苛责型自卑心理的人，做事情往往以结果作为主要目的，具有比较强的功利性，从某些方面来说这是一种优点。之所以说"某些方面"，是因为我们不能完全用功利性的眼光看待目的。正如原一平所言："许多人认为我在保险推销生涯中无往而不利，但我所经历的失败事实上要远远多于成功，只是人们往往只关注我的成功。很多人认为失败没有价值，但我并不这样看，我认为，每一次失败都是在为下一次成功做铺垫。"

这段话的意思其实就是说，做事情不能完全抱着功利性的心态，成功固然可喜，但失败也不是没有价值。况且，无论做什么事情，过程中都会出现大大小小的随机性因素，结果并不一定会朝着我们预期的方向发展。所以，对于具有苛责型自卑心理的人来说，只需要记住一句话就好——与其瞻前顾后，不如雷厉风行。

03
消极：喜欢"自虐"的原一平

在明治保险公司，与原一平有过共事经历的人都知道，原一平几乎是过着苦行僧一般的"自虐"生活。每天早上到公司参加晨会，他都会制订当天的工作计划，确定当天要拜访几个客户。比如说，某天他计划拜访四个客户，约见第一个客户的时候就签了一个大单，但接下来他还会逐个拜访另外的三个客户，绝不会因为第一单的成功而怠惰；相反，如果四个客户拜访完毕，没有一个签单，那他往往会给自己增加任务量，额外拜访一两个客户。

在明治保险公司工作期间，原一平几十年如一日，一直保持着这种对自身要求严苛的工作风格，所以有很多同事说他是公司的"苦行僧"，就连以工作精力旺盛而闻名的阿部章藏也自叹不如。

"你在工作上投入如此巨大的精力，仅仅是出于对工作的热爱吗？"池宫健一曾如此问道。

"是的，但也是为了不让自己消极。"原一平答道。池宫健一有些疑惑这与消极有什么关系。原一平补充道："把工作时间安排得充实一些，人就不会因为思考太多而陷入消极。"

在我们的印象中,"思考"是一个正面词汇,"多思考"则意味着慎重或者稳妥。但为什么原一平说思考太多就会陷入消极呢?他的话乍一听好像没逻辑,但在心理学上,这其实是一个重要的课题。用专业术语来讲,思考太多叫作"反刍式思考"[①],是导致消极的最为主要的原因之一。

所谓反刍式思考,指的是人在经历了某些挫折之后,对挫折本身、诱发挫折的原因以及挫折可能引发的后果进行反复思考,从而使人陷入抑郁、焦虑等消极状态。

思考本身没有问题,它有助于人们对自己的现状进行分析,以便更好地了解自己。反刍式思考的问题在于,在思维方式上,它是连锁性的;在思维时间上,它是持续性的。比如,今天我们拜访一个客户时失败了,受到了客户的冷遇,在思考这次挫折的时候,我们往往会不由自主地回想起以前所经历过的类似的挫折,并且会不知不觉地为此思考很久,这就是典型的反刍式思考。它不仅让我们沉湎于对过往失败经历的回忆,还会让我们杞人忧天,担忧一些或许根本不会发生的问题,进而使得我们陷入消极情绪,消减我们采取下一步行动的动力。正是从这个角度来说,诺伦-霍克西玛认为,反刍式思考是一种有害的思维方式,也是导致我们陷入消极情绪的元凶之一。

---

① 最早提出这个概念的是美国耶鲁大学心理学和精神学资深教授苏珊·诺伦-霍克西玛(Susan Nolen-Hoeksema)。

那么，我们应该怎样停止反刍式思考呢？停止反刍式思考的前提条件是，判断自己是否已陷入反刍式思考。发生负面事件后，过度自责是判断当事人是否会陷入反刍式思考的一个主要衡量标准。在寻找负面事件的起因时，如果当事人将所有的错误都归咎于自身，比如工作没做好是因为自己能力不足，感情破裂了是因为自己性格不好，那么他们就会理所当然地认为，类似的事件再次发生时，自己依然会处理不好。由此，巨大的消极情绪便会降临。简而言之，出现过度自责情绪，一般就是陷入反刍式思考的迹象。

停止反刍式思考的方法，主要有以下几种。

一、借助外界刺激

最为常见的方法是，在手腕上套一根橡皮筋，如果发现自己有陷入反刍式思考的迹象，就拉开橡皮筋击打一下手腕，利用疼痛感提醒自己不要沉湎于消极情绪中。

不过，运用这种方法时，我们必须注意，自我惩罚的强度不能过大，否则不但会对自己的身体造成伤害，还会在心理上越发厌恶自己。比如有的人会通过摔东西、自我伤害，或者用拳头砸玻璃来惩罚自己，这些做法都是得不偿失的。

二、设立固定的思考时间

运用这种方法时，尤其需要注意的一点是，千万不要把思考时间设置在工作时间内，比如可以设定在下班途中、晚餐前，或者临睡前。而且，进行这种思考时，我们可以用闹钟设置时长，二十分钟或者半个小时。一旦时间到了，我们就要马上停止思考，小声告诉自己：停！

三、让自己忙碌起来

喜欢反刍式思考的人一般有两个特点：空闲时间比较多，以及喜欢独处。所以，针对这两个特点，喜欢反刍式思考的人应当尽量避免让自己处于无所事事的状态，比如可以去读书、看电影、打游戏、与朋友聚餐，想办法让自己处在一种既不至于十分忙碌，也不至于非常无聊的状态中，不要给自己胡思乱想的时间。

四、行动起来，在行动中去思考

长期沉溺于反刍式思考必然会使人的性格倾向消极，而消极的人则必然会有优柔寡断的毛病。事实上，任何选择都有利有弊，徘徊于两者之间，思考各种可能性，这只会带来更多的痛苦和混乱。所以，理性的做法应该是，在权衡利弊的基础上，根据自己的需要，做出最终选择后迅速去行动，在事情的实际发展中去做有实际意义的思考，而不是向壁虚构，自说自话。

04
偏见：客户的画像

有一份保单本可以签下，但原一平在客户即将签单的时候放弃了。

原一平不是一直视业绩如生命吗，他怎么会做出这样的事？这听起来像天方夜谭，但它是一件真实发生过的事。

1943 年冬天，经朋友介绍，原一平拿着介绍信，前往目黑町拜访一个钢铁冶炼公司的社长。那个社长比较爽快，没有跟原一平聊多久就确定了投保意向。但在交谈的过程中，原一平心里却对对方非常反感。因为那个社长的眼珠外凸，而且有点斜，脸上挂着似笑非笑的表情，让人觉得很不舒服。

"对不起，我去一下洗手间。"用这个理由，原一平在对谈中途离开了两次。他每次去洗手间，都是为了照一下镜子，确认是不是因为自己的装扮有不对的地方，所以客户脸上才挂着那种嘲笑的表情。可他把自己看了一遍又一遍，也没发觉自己的装扮有不对的地方。

回到社长办公室后，谈话继续进行。快到下午两点的时候，社长说："我没有什么问题了，如果可以的话，我们就尽快签合同吧。"

"真是不好意思，我忽然想起公司有点急事。我先失陪了，合同的事我改天过来再跟您详谈。"原一平站起来，带着满心厌恶，几乎是逃跑似的离开了。因为他觉得，既然自己的装扮没有什么问题，那么对方脸上的那种似笑非笑的表情，就一定是在嘲笑他的相貌。

原一平知道自己相貌粗陋，有时候为了拉近与客户的距离，他还会拿自己的相貌开玩笑。但自嘲是一回事，被人嘲笑却是另一回事。

到了周末，原一平带了一份礼物去拜访朋友以示谢意，同时也聊表歉意："感谢您为我介绍客户，但我恐怕要辜负您的好意了。我不愿让那个社长成为我的客户。"

"哦，这是为什么？"

等原一平一五一十地将原因和盘托出，朋友捧腹大笑，对他说："你真是误会那个社长了，他的相貌就是那样。他对你并没有恶意。昨天他还给我打电话，说他对你的印象很不错。"

一听这话，原一平既羞愧又懊悔，同时也觉得自己极其可笑。他没想到，自己从业这么多年竟然也会犯以貌取人的错误。

以貌取人是一种偏见，这是一个人所共知的事实。那在人与人的交往中，偏见是怎么产生的呢？对社会心理学有所了解的读者可能会不假思索地说，偏见产生于第一印象。

的确，在人与人的交往中，第一印象直接决定了我们对别人的好恶。如果对方给我们留下的第一印象是正面的，即使在后续交往中发现对方有缺点，我们也往往会因为第一印象的好感而无视其缺点；如果对方给我们留下的第一印象是负面的，即使在后续交往中发现对方有优点，我们也往往会因为第一印象的厌恶感而忽略其优点。

然而，第一印象只是产生偏见的直接原因，而产生偏见的根源，事实上是我们的阅历。当我们对别人产生偏见的时候，本质上是我们自身阅历的缺陷的外在反映，或者说，当我们觉得别人不顺眼的时候，事实上是在对方身上看见了自己的缺点。原一平后来反思那件事的时候说："当时我以为是对方以貌取人，后来我才发现，原来犯以貌取人错误的人是我。"

偏见并非不可消除，但需要时间。比如说，因为第一印象，我们对某人产生厌恶感，但随着接触的增多以及了解的加深，这种厌恶感是可以渐渐消除的。但保险推销员不具备"时间"这种条件，因为保险推销是一个迎来送往的行业，保险推销员与客户没有太多的共处时间，一般只是约谈、签单、做售后时才见几次面。通过这有限的几次会面，保险推销员需要完成对客户的基础评估和深层评估，比如，客户有无投保需求，投保需求有多大，除了客户本人所提出的投保需求，他是否还有自己未曾意识到，实际上却非常需要的投保需求。所以，身为保险推销员，我们尤其需要放下偏见，知道内心的短板所在。

当然，人的一生是有限的，阅历也是有限的，完全放下偏见是不可能的，但在力所能及的范围内，我们应该尽力摘掉"有色眼镜"。

具体应该怎么做呢？行之有效的方法至少有四个。

第一个方法是多读书。这是老生常谈的方法，也是成本最低的方法。我们每个人只有一种人生，如果读 100 本书，至少能体会 100 种人生；我们每个人一生接触的人是有限的，通过读书，我们就能接触到形形色色的人。当我们的视野随着阅读量的提升而扩展的时候，我们心中的偏见就会渐渐减少。

第二个方法是多与层次高的人交流。我们所处的生活圈子，很大程度上决定了我们的视野。在生活中，我们经常可以看到这样一类人，对鸡毛蒜皮的小事总是斤斤计较，我们可以肯定地说，这种人的层次不会太高。以原一平为例，如果他不是因为认识小泉信三，进而认识越来越多的层次高的人，他的事业就不会达到后来的高度。

第三个方法是提升自己的能力。我们都知道，有一个成语叫"坐井观天"。打个比方，其实我们每个人在开始工作的时候都是井底之蛙，业务水平就相当于我们的弹跳能力。如果得过且过，庸庸碌碌，永远停留在舒适的井底，那么我们就会永远抱持着偏见，认为天只有井口那么大。只有提升自己的能力，跳到井外，打开视野，我们的事业才会发生质的蜕变。

第四个方法是学会换位思考。生活中，我们经常会听到这样的话："几十块钱的化妆品能用吗？""小饭馆的饭能吃吗？""毕业这么久了，怎么还没对象？""工作这么多年，怎么工资还是这么一点？""年纪这么大了，怎么还不买房？"……我们相信，听到这样的话，大多数人心里都会觉得不舒服。其实，这些话都是囿于自己的生活圈子，缺乏同理心和共情心，对外界充满偏见，不懂得换位思考的体现。

对保险推销员而言，学会换位思考，不仅能让我们放下偏见，更重要的是，还可以让我们站在客户的立场上去思考问题，更好地为客户提供贴心的服务。身为保险推销员，我们都想创造非凡的业绩，也不缺乏为客户服务的热情，但我们必须记住，客户所需要的热情服务，并不是我们自以为是的热情服务，而是符合客户自身需要的热情服务。

05
虚伪：做推销的大忌

保险推销本身是一个正当行业，但在中国，对于许多人来说，这个行业往往是欺骗的代名词。之所以这样，很大程度上是因为保险进入我国的时间比较晚，而且在保险被引进国门后，行业内部长期处于混乱无序的状态。比如，为了业绩，很多保险推销员不择手段，推销保险时用尽花言巧语，好像保险是万能的，等到客户出现问题，拿着保单去兑现时，却被业务员"踢来踢去"。

这与昭和时代的日本保险业的状况何等相似。刚进入保险这一行时，原一平说保险推销是勇敢者的行业，其主要原因就在于，保险推销当时是一个被污名化的行业，一般人没有进入这个行业的勇气。

原一平从事保险推销大半生，斩获殊荣无数，但到晚年回顾过往时，他引以为傲的并不是硕果累累的销售业绩，而是从业多年自己从未欺瞒过客户。每次向客户销售保险时，原一平总是全心全意为客户着想。如果客户购买的保险不足以抵御潜在的风险，他就会提醒客户加大投保金额，或者购买相对应的辅助保险；如果客户购买的保险大于潜在的风险，他也会善意地提醒客户降低投保金额。

在保险业整体运行并不十分规范的情况下，很容易出现的一个问题，是入行的门槛比较低，从业人员鱼龙混杂，虽然其中不乏有志于做出一番事业的人，但行业整体环境并不好。

如果我们有进入保险推销行业的打算，那在正式进入之前，不妨先问自己一个问题——进入这个行业的目的是什么？

保险推销本身是一个需要重塑尊严感的行业，所以，从事这个行业并不能给我们带来太多的尊严，而且，做保险推销员的收入更多地来自绩效，靠"吃低保"或许连基本的温饱都维持不了。所以，如果我们是为了有口饭吃，或者仅仅是把保险推销作为一个暂时的跳板，那就没有必要从事这个职业，与其在此浪费时间，不如到别的行业寻找出路。

如果我们是抱着想做出一番事业的念头进入这个行业，那么首先要知道有一个最为不利的条件——如刚才所言，这个行业的整体环境并不太好，特别是在入行初期，"破冰"的难度比较大，经常会遭到拒绝、冷落。其次，我们也还要知道一个最为有利的条件——在泥沙俱下的大环境里，金子是最容易发光的，只要我们对客户推心置腹，不误导，不欺瞒，并持之以恒，就有很大的可能性在这个行业里脱颖而出。

世事无绝对，我们只是说"有很大的可能性"，而不是"肯定"。虽然在保险推销行业做出成绩取决于很多因素，对客户诚恳只是其中之一，但它是首要也是最为基本的条件。如果我们对客户不诚恳，即使有再多的推销技巧，也只能得一时之利，无法取得真正的成功。换个角度来说，对待客户很虚伪，是从事保险推销行业的大忌。

真诚对待客户，听起来似乎很容易，做起来却不是那么简单。

误导和欺瞒客户，在短期内虽能得一时之利，但从长期来看，等于给自己的职业生涯自掘坟墓，从更高层面来说，这也等于败坏行业整体的风气，恶化其他从业人员的生存环境。反过来说，真诚对待客户，在短时间内或许得不到那么大的利益，但"根不深则叶难茂，源不深则流不长"，我们在之前对客户的每一分善意，在未来都会成为我们职业道路上的一分助力。所以，要做到真诚对待客户，首先就要求我们必须时刻恪守职业底线，能分清短线利益和长线利益的区别。

其次，我们必须把握好真诚的尺度。鲁迅先生曾这样评价《三国演义》中的刘备："刘备之德近乎伪。"意思是说，刘备这个人太忠厚、太完美，反而让人觉得像伪君子。虽然鲁迅先生评价的是小说中的人物，但其中所反映的道理却能够为我们所用，那就是，接待客户时，我们必须拿捏好真诚的尺度，不宜亲切得过头，热情得过火，否则客户会以为我们另有所图。

常言道，君子之交淡如水。人与人相处即是如此，一旦逾越界限，黏黏糊糊，对方对你反而会有所疏远。在工作中我们会经常看到，有的推销员总是对客户嘘寒问暖，关怀得无微不至，美其名曰"拉近感情"，却不知这样反而会使客户心生厌恶。当然,这并不是说推销员不能与客户交朋友,而是说尺度必须把握好。那么,这种尺度该怎么把握呢?简单来说,就是两点:在工作中,全力以赴,将所有的真诚都给予客户;在工作之外,有所保留,不要用自以为是的真诚干扰客户的生活。当客户感受到我们的诚意,在所购的保险产品和服务当中切实受益的时候,自然而然就会把我们当作朋友。

第六章

提升个人魅力

失败是每个推销员都会遇到的情况，而每次遇到失败，我们都应该进行反思，唯有如此，失败才是有价值的，否则它就没有意义。

——原一平

01

"相由心生"是真的吗

俗话说，"相由心生"。在中国古代，这是一种很流行的说法，很多人认为通过面相可以判断出一个人的性格和前程。进入现代社会之后，随着科学的普及，相面术渐渐被归类为封建迷信。的确，相面术本身有很大的迷信成分，通过相貌来判断一个人的性格与前程很不靠谱，但从科学角度来说，"相由心生"未必完全是空穴来风。

我们应该怎么用科学来解释"相由心生"这种现象呢？

我们看影视剧的时候，常常会评价演员的演技。一个好演员，肯定是面部表情很丰富的人，他能够通过不同的表情来展示角色的心理活动，给观众一种感同身受的代入感；相反，一个不好的演员，则总是会给观众一种出戏的感觉，他的表情要么僵硬呆滞，要么非常夸张。

现实生活其实也是一个舞台，作为一名演员，我们的所思所想也会反映在脸上，比如开心、忧愁、失落、迷茫。跟别人打交道的时候，我们会尽力控制自己的表情，以免破坏气氛，但在不被人注意或者独处的时候，我们的"心"一定会通过"相"展现出来。这种"相"就像面具，戴在我们的脸上，长年累月就会形成我们所说的"面相"。

比如，法令纹深的人往往比较挑剔，眉心纹深的人往往心思缜密。这是因为，挑剔的人习惯于对人和事表达不屑，而人在表达这种情绪的时候，不知不觉中面部会有一个撇嘴的动作；同理，喜欢思考的人往往眉头紧锁，时间久了，眉心的肌肉就会留下记忆。比如，在现实生活中，我们常常可以看到，人上了岁数之后，相貌会变得慈祥。即使那种性格高傲冷漠的人上了岁数之后，眉目间也会多几分慈祥。这主要是因为人到老年后对得与失不再在意，心里放下了一些东西，宽和的心境自然就会展现在脸上。

换而言之，"相由心生"实际上指的就是思维方式长年累月对脸部肌肉进行"雕刻"的结果。

有句话说得好：成年之前，我们的相貌是父母给的；成年之后，我们的相貌是自己给的。这是因为，当我们需要独自撑起一片天的时候，生活里的酸甜苦辣都会刻在我们的心里，显露在我们的脸上。我们的相貌可以很普通，甚至不那么好看，但是，只要心态平和、开朗、乐观，这对于我们的相貌而言就会无形之中加分。

青年时代，原一平其貌不扬，只看那副面孔，很难让人喜欢，但他的心理素质好，即使处于最低谷的时候，他也保持着勇敢者的乐观心态，从来不向困难低头。与客户接触时，原一平也总是态度积极，并且不断在工作中探索面貌问题。原一平经常对着镜子练习神态，提醒自己一定要戴着让客户最舒适的"工作面具"，仅仅是笑容这一项，他就摸索出了三十八种不同的笑容。阿部章藏曾经说："原一平君的长相不是那么讨人喜欢，但他有一种很奇特的能力，那就是和他相处的时候，我们很容易忽略他的相貌，并且很快就会喜欢他。"

阿部章藏所说的"奇特的能力"，其实就是原一平的气质，或者说是精神面貌。令人更为称奇的是，对比一下原一平青年时代和进入老年之后的照片，我们一眼就能发现，暮年的他，面相几乎发生了脱胎换骨的变化，青年时代的那种令人发笑的喜感不见了，取而代之的是慈眉善目，就像一个儒雅的老学者。之所以发生这么大的变化，原因也是不言自明的——事业的攀升带来了精神境界的攀升，进而反映到了相貌上。

相貌是一个人的精气神最为直接的体现，很大程度上决定了我们给别人留下的第一印象。对保险推销员而言，相貌有时候甚至会直接决定一笔业务能否谈成。从这个角度来说，保险推销也是一个"靠脸吃饭"的行业。

虽然随着生存条件、生活环境以及心态的改变，人的相貌会多多少少发生一些变化，但这种变化的过程是非常缓慢的，不像做整容手术那样立竿见影。虽然相貌无法在短时间内改变，但我们的精神状态在短时间内是可以改变的，换而言之，我们难以改变"面"，但可以改变"相"。

那么，什么是"面"和"相"呢？

大多数人在照镜子的时候都会觉得自己好看，但看照片的时候却觉得照片中的自己和镜子中的自己有差距。"面"就是照片中的自己，"相"就是镜子中的自己。"面"和"相"之间的差别，在科学上也是可以得到解释的：首先，我们在照镜子的时候，看到的是动态的自己，而照片中的是静态的自己；其次，人眼在识别镜中的自己时，会自动捕捉明暗，给自己打光，相机却没有这么智能。

这其中的原理比较复杂，也不是我们要讨论的重点。在这里，我们可以告诉大家的是，面对客户的时候，我们可以在脑海里把客户幻想成一面镜子。当我们能够以这种心态去工作的时候，我们在客户面前展示的"相"就是最好的"相"。

有的人可能会说，自己没有这么强的心理暗示能力，无法把客户想象成一面镜子。如果是这样的话，在我们与客户交谈的时候，可以对客户的表情多加留心。记住：当我们全神贯注与客户交谈的时候，我们的表情的每次变化，客户基本上都会通过自己的表情予以回应，当客户的表情最柔和的时候，我们所展示的"相"就是最好的"相"。就像拍照那样，按下意识里的快门，记住我们当时的那个表情，把它存储在记忆里，在以后的工作中，它可能就是我们事业攀升的阶梯。

02
着装的技巧

常言道，人靠衣服马靠鞍。衣服虽然对一个人的整体形象没有决定性的作用，但它至少有锦上添花的作用。

西装利于营造出干练的职场感，容易上身，就像制服中的"万金油"，很多行业的职业装都是西装，比如金融、房地产，以及其他行业的销售人员。但西装也不容易穿好，这就像脸上长了一颗痣，位置长对了是"美人痣"，长歪了就是"媒婆痣"。

事实上，职场上很多人不会穿西装。举个例子，我们可以观察一下身边的同事，只有少部分人能把西装穿出笔挺、干练的感觉，大多数人的西装松松垮垮，或者皱皱巴巴。

作为保险推销员，要怎么穿西装才能穿出职业感呢？在这里，我们总结了十六个着装规则，大家可以参考。

（一）整洁。这一点不用多说，无论穿什么样的衣服，都必须做到这一点。

（二）衣装要与年龄相称。如果是年轻的推销员，可以选择略带一些时尚元素的西装，但切忌花哨，否则会给人一种"社会人"的感觉；如果是年龄大一些的推销员，则应该选择颜色显得人稳重的西装，当然，也可以选择让自己看起来年轻一点的西装，但一定要把握好其中的度，否则会让人觉得轻佻。

（三）不要穿双排扣西装。奢侈品牌阿玛尼的创始人乔治·阿玛尼曾说："双排扣西装基本上就是权力的表达。"无论在现实中，还是在影视剧中，我们都可以看到，一般只有精英层的人才穿双排扣西装。如果我们在工作中穿这样的衣服，就未免显得有些做作，同时也会在无形中给客户一种压迫感。

（四）三色原则。全套西装的颜色不能超过三种，包括鞋、袜、领带、衬衫在内。

（五）黑皮鞋不能配白袜子。这是老生常谈的一个原则。在社会交往中，特别是在与陌生人的交往中，我们首先注意到的，一定是对方最惹眼的地方。如果我们穿黑皮鞋却配着白袜子，那么不用怀疑，客户见到我们的第一面，一定会对我们的奇怪搭配过目不忘，而在接下来的会谈中，客户会在心里认定坐在他对面的人很奇怪。

（六）不要穿出低廉感。这里所说的"低廉"并不是指衣服的价格，而是指衣服的面料。尽量不要选人造纤维、聚酯纤维之类的面料，因为用这一类面料所做的西装很容易起褶皱，让人显得衣衫不整。在财力允许的情况下，可以为自己定制一套西装；如果财力不足，可以在细节上花一些心思，比如更换西装的纽扣，或者加上一枚胸针。

（七）西装与发型的搭配。很多保险推销员不太注意这方面的问题，甚至有的人还留着"学生头"，这其实是一个很大的忌讳。我们必须明白，穿西装的目的是体现出干练的职场感，所以不可让发型拖西装的后腿。一般来说，男性保险推销员的发型应该以短发为主，如果留长发的话，应该偏分，切忌中分；女性保险推销员的头发可长可短，但切忌披散或者染过于艳丽的颜色，可以扎起来或者盘起来。

（八）根据身材比例挑选西装。人体上半身和下半身的理想比例是黄金分割点，但现实中很少有人的身材能达到这种完美的比例。有的人的上半身长一些，有的人则短一些，这就要求我们在挑选西装时，必须根据自己的身材比例来选择。一般来说，选择西装尺寸时应该遵循的规则是，双臂下垂时，袖长与手掌虎口平齐，衣摆与臀部下缘平齐，双腿微屈时，裤脚与足踝平齐。

（九）不要把所有的扣子都扣上，尤其是衬衫。如前面所说，穿西装是为了体现出职业感，而不是真为了御寒或者防晒，所以单排扣西装外套的扣子，可以只扣最上面那颗，或者中间那颗，但不能只扣最下面那颗；不系领带的时候，衬衫最上面的扣子最好不要扣。

（十）不要把手机、钥匙、钱包之类的东西放在口袋里，那样会使人显得臃肿，也会使西装变形。

（十一）领带是西装的点睛之笔，非正式场合可以不系领带，如果是非常正式的场合，那么一定要记住：必须系领带。领带的颜色必须与外套、衬衫协调，不能过于惹眼；领带的长度以尖端触碰到腰带扣为宜，其宽度应不超过成年人食指的长度。

（十二）衬衫的颜色与外套、领带协调。通常来说，浅蓝色和白色的衬衫是必备的，且衬衫下摆一定要塞进裤子里。这个规矩是怎么来的呢？衬衫是一种舶来品，在十八、十九世纪，衬衫的下摆做得很长，目的是为了把下摆塞进裤子里充当内裤的作用。尽管随着时代的变迁，衬衫的下摆后来被截短了，但下摆必须塞进裤子里的规矩保留下来了。有的保险推销员因为体型肥胖，或者为了彰显个性，有时候会将衬衫下摆放在裤子外面，这其实是一种非常滑稽的做法。

（十三）女性推销员不能化浓妆、染指甲、穿短于膝盖的裙子。

（十四）女性推销员切记，套裙、鞋、袜的颜色必须搭配。套裙的颜色以黑色为正统，鞋袜的颜色以黑色、浅灰、浅棕为正统，而且袜子应当完好无损，也必须没入裙内。

（十五）切忌光脚穿皮鞋。光脚穿皮鞋是近些年的一种潮流，追求时尚的人这样穿没有问题，但在保险推销行业，如此搭配万不可取。光脚穿皮鞋，男性推销员会让人觉得脏，女性推销员则会让人觉得有故意卖弄风情之嫌。

（十六）女性保险推销员切忌"三段腿"。所谓"三段腿"指的是穿裙子的时候，裙子裹着一段腿，露出一段腿，袜子裹着小腿。这样的搭配在视觉上颇为不佳，显得双腿又粗又短，而且容易给人一种邋遢的感觉。

03
三十八种笑容

原一平认为，对于保险推销员而言，笑容是最为重要的助手之一。在长达五十多年的职业生涯中，他总结出了三十八种笑容。这三十八种笑容分别是：

开怀大笑	喜极而泣的笑
谄笑	回嗔作喜的笑
感动的笑	无奈的笑
安慰对方的笑	虚伪的笑
转移对方注意力的笑	消除对方压力的笑
自信的笑	鄙夷的笑
恍然大悟的笑	误会冰消瓦解的笑
心有灵犀的笑	吃惊的笑
意外的笑	表现优越感的笑
冷笑	挑衅的笑
大方的笑	含蓄的笑
夸张的笑	充满压力的笑
装傻的笑	心照不宣的笑
猥亵的笑	微笑
满意的笑	苦笑
辛酸的笑	无聊的笑
讽刺的笑	木然的笑
热情的笑	尖刻的笑
自嘲的笑	纯净的笑

笑容的种类千差万别，脸上每一丝肌肉的变化都能传达出不同的笑容含义，而原一平所总结的只是所有笑容中的三十八种。在这些笑容中，有的展现在客户脸上，推销员可以由此判断客户的情绪；有的则主要展现在推销员脸上，使之成为推动客户签单的助力。

向池宫健一口述职业生涯时，原一平说，自己曾经为了拿下一个最难缠的客户，从第一次拜访到成功签单，他用过三十种笑容，而对于一般的客户，最多只需要五种笑容就可以了。

我们常常说言为心声，但这话其实不是十分准确，因为言语可以掩饰我们的心情，但表情则很难作伪，所以，与其说言为心声，不如说表情为心声。

为什么表情有这样的作用呢？这是因为语言是由意识控制的，从外界信息进入大脑到输出口头语言的过程中，信息在大脑中会经过一个转化，或者说是思考的过程，而表情则往往是由下意识控制的，外界信息进入大脑后，几乎会在第一时间通过表情的变化，反映出我们内心的波动。

原一平曾说，与别人打交道时，在诸多表情当中，笑容是最好的交流方式。比如，约见新客户时面带笑容，可以拉近彼此的距离；在客户心存疑虑时，展示一个真诚的笑容，相当于给客户吃一颗定心丸；被客户的无理要求激怒的时候，强迫自己笑一下，可以适当地放松一下心情，不然情绪就会失控，呈现出烦躁易怒的状态。

为了展现出有感染力的笑容，原一平下过一番苦功，在久惠的"监督"下，他每天晚上下班回家后都会对着镜子苦练，直到练到脸上的肌肉发酸为止。经过长期观察，原一平发现，在各种各样的笑容中，纯净的笑是最有感染力的。那么，什么是纯净的笑呢？用原一平的话来说，纯净的笑就是婴儿般的笑。

我们或许不用像原一平那样，为了笑容下这么大的功夫，但至少应该做好表情管理。

"表情管理"是近些年来一个颇为热门的词，尤其在服务行业，为此甚至还衍生出了一些做表情管理的辅助工具或者培训机构，比如有的购物网站上会售卖笑容辅助器。其实，我们不必如此大费周章，只要记住一些小技巧，借助镜子或者手机等工具，就可以很容易做好表情管理。

下面，我们就以笑为例，来说明如何进行表情管理。

第一，我们要明确一点，在诸多笑容当中，开怀大笑是心态最为放松的笑，但它绝不是最好看的笑。因为很多人开怀大笑的时候，容易用力过猛，显得面部扭曲。所以，对笑进行表情管理的第一点，是学会控制力度，笑的时候不要出现牙床外翻、额头青筋暴突等问题。

第二，面对客户露出笑容的时候，表情变换应该尽量稳定，不宜夹杂面部小动作。很多人展露笑容的时候，喜欢做一些自以为可爱或者逗趣的小动作，比如眨眼睛、皱鼻子、挑眉毛等，殊不知这些小动作在客户眼里可能只有一个感觉——挤眉弄眼，浮夸做作。

第三，根据自己的五官条件，为自己量身定制笑容。有的人以为，只有长得好看的人，笑起来才好看，但事实并非如此，有的人相貌平平，笑起来却让人感觉特别舒心，很有魅力；相反，有的人安静的时候很好看，笑起来颜值却直线下降。因此，对笑容进行表情管理的时候，我们一定要结合自己的五官条件来考虑，比如，牙齿小的人，笑的时候可以横向拉伸嘴角肌肉；牙齿大的人，笑的时候要学会有意识地控制住上唇的力度；法令纹深的人，笑的时候要学会控制住鼻翼两侧肌肉的活动幅度；抬头纹深的人，笑的时候尽力避免高挑额头。

第四，笑着说话时，特别是大笑的时候，要放慢语速，放平语调。这是因为，在诸多表情当中，笑牵动的脸部肌肉最多，尤其是嘴部肌肉的活动幅度较大。如果我们像机关枪似的连说带笑，一来容易让人听不清说的是什么，二来容易放大五官中的缺点，使得客户将过多的注意力放在我们面部的缺点上。

第五，笑的时候要真诚，一定要发自内心地笑。如前所言，我们必须明确一点，我们的面部表情是对内心在第一时间所做的外部反映，所以如果笑不是由内而外发出的，就会皮笑肉不笑，给人留下虚伪或者敷衍了事的印象。那怎么才能笑得真诚呢？答案很简单，但也很难，那就是，用真诚的心对待客户。如果我们的心是真诚的，当客户诉说需求的时候，我们以真诚和包容的心态去看待对方，那么我们的脸上自然就不会有鄙夷、傲慢或者不屑的表情。

04
修炼气质

气质是什么?

相信很多人马上会说:气质是一个人给别人的感觉。的确,气质是一个人给别人的总体观感,但也是一种难以解释清的东西。我们可以对它下一个大致的定义,却很难说清它的具体内容,因为它包含的东西太多了,涉及相貌、衣着、涵养、谈吐、表情、阅历、体态等。

气质从何而来呢?

首先,气质来源于我们的生活环境。比如,一个人生活在家庭和睦的环境里,很容易培养出自信的气质,而生活在家庭失和的环境里,就很容易形成忧郁的气质。

原生家庭环境的不同,造就了人与人性格上的千差万别,但不管原生家庭环境造就了我们什么样的性格底色,我们都应该以阳光开朗的形象面对别人。尽管古人说,"江山易改,本性难移",但性格是可以在后天慢慢培养的,也是可以"传染"的。只要我们以身作则,营造和睦的家庭环境,我们自己的气质和家人的气质都会在不知不觉中发生改变。

其次，气质来源于我们的职业积累。比如，同样是穿西装，有的人看起来像老板，有的人看起来像公务员，有的人看起来像推销员。之所以会形成这样的外在观感，主要是因为在漫长的职业生涯里，职业习性塑造了我们的言谈举止。

反过来说，我们的言谈举止也会影响我们的职业习性。比如，在同样的职业岗位上，有的人做事简洁明快，雷厉风行，对工作兢兢业业，这样就很容易培养出精明干练的气质，也很容易脱颖而出，得到升职加薪的机会；有的人做事拖泥带水，对工作漫不经心，这样就很容易培养出懒散的气质，可能在一个岗位上原地踏步很久也不会得到晋升。

想必大家都在职场中见过这样一类人：他们八面玲珑，特别会来事，在领导、同事、客户之间周旋得游刃有余，但他们顶多只是不招人嫌，并不见得多么招人喜欢，因为他们身上总是有一种说不清道不明的"油腻"气质，而且工作业绩也一直不见提升。归根结底，这类人的问题就在于他们犯了本末倒置的错误，将重心放在了工作能力之外的地方，结果把自己变成了"万金油"。我们必须记住，职业素养和业务能力才是我们立身于职场的根本，离开它们，培养职场气质也就无从谈起。

最后，气质来自我们的阅历。面对未知的东西的时候，人多少都会产生一些畏惧或者谨慎的心理，而面对了若指掌的东西时，则一定会云淡风轻，处变不惊。如果我们坐拥无数资产，就不会被一点蝇头小利迷惑心智；如果我们上过战场，经历过生死，对生活中的其他波澜就会淡然以对；如果我们对尔虞我诈、钩心斗角的现象有充分的思考和认识，就不会轻易被人煽动；如果我们业务熟练，对行业有深入的把握和了解，就不会为一时的得失大悲大喜。

人一生会经历什么，既是一个自然而然的过程，也是一个主动开拓的过程。如果我们习惯了停留在舒适区，满足于做熟悉的事，与熟悉的人打交道，那么我们的阅历也终将被限制在一定的范围内；相反，如果我们有主动开拓的勇气，勇敢地走出舒适区，去面对未知的人和事，那么我们的阅历自然就会丰富起来。

就保险推销行业来说，如果只是惯于与普通客户打交道，那么我们在业绩上就很难取得突飞猛进的进展，在业务能力上也很难有所精进。这并不是说与普通客户打交道不好，事实上，普通客户是我们在行业里立足的基础，也是我们磨炼业务技能的磨刀石，但是，当事业发展到一定阶段的时候，我们必然会遇到瓶颈期，而能否跨越从平凡到卓越的界限，就在于能否突破瓶颈。

这对于我们是一个挑战，也是一个历练。刚刚走出舒适区，进入陌生世界的时候，我们可能会面临重重困难，既有的经验甚至也无法帮我们解决面对的难题，但是只要我们敢于坚持，不退缩，不畏惧，不断开阔眼界，慢慢积累与大客户打交道的经验，随着阅历的提升，我们的事业就会更上一层楼，进入新的境界。

这一节的最后，我们来对气质做一个总结。气质主要来自三个方面：生活环境、职业积累、阅历。这三个方面有区别，也有交叉，都是提升气质的根本。我们之前所说的相貌、衣装、表情管理等，虽然对气质也有提升作用，但这些外在的东西终究只是一种辅助、一种点缀。无论如何我们都不要忘记，要想在工作中获得核心竞争力，就必须先让心灵强大起来，由内而外地释放出的力量，才能让我们披荆斩棘，无往不利。

第七章

寻找客户的技巧

常常有后辈问我：怎么才能找到客户？客户是谁？他们在什么地方？我觉得，问这些话的人应该先问问自己，因为只要留心观察，你就会发现身边到处都是客户。

——原一平

向日本天皇卖保险的原一平：蛙跳战术

涉足保险推销行业之初，很多推销员挖掘客户的时候，喜欢从身边的亲戚朋友开始。

挖掘客户的方法有很多，将亲友作为目标是常用方法之一，但利用这种方法的时候必须注意两点：第一，掌握好尺度，不能狂轰滥炸，毕竟现在还有很多人对保险心存偏见，如果我们在亲友圈中进行地毯式推销，他们可能就会将我们视为洪水猛兽，避之唯恐不及；第二，在亲友圈中积累一定的工作经验之后，我们要及时跳到亲友圈之外，这是因为亲友做我们的客户时，其中难免有些情谊成分，商业关系并不是十分"纯粹"，所以只有跳出亲友圈，到外面与陌生人打交道，我们才能试出经验的含金量。

除了将亲友作为客户，是否还有其他挖掘客户的方法呢？接下来，我们将结合原一平的工作经历，来讲解几种便于操作的方法，并指出一些常见的误区。

原一平在职业生涯中，做过三件很疯狂的事：第一件事，是把保险卖给首相；第二件事，是把保险卖给麦克阿瑟；第三件事，是把保险卖给裕仁天皇。前面两件事固然具有传奇色彩，但与第三件事比起来，就算不上什么了。

首相和麦克阿瑟虽然位高权重，但在日本人心目中，他们终究只是凡人，天皇则不同。二战之前，天皇就是日本人心目中的神，二战之后，同盟国审判战犯时，一度有过审判裕仁天皇的计划，但终因担心日本人狗急跳墙而放弃，天皇神圣不可侵犯的地位也因此得以保留。除了原一平这样的"工作狂徒"，谁还敢有向"神"推销保险的念头呢？就是从这个角度来看，我们才说原一平所做的这件事特别有传奇性。

尽管这个销售计划失败了，裕仁天皇最终并没有成为原一平的客户，但是原一平顺利地把自荐书和保单送到了裕仁天皇的案头。他是怎么做到的呢？过程其实很简单——他把自荐书和保单交给首相，由首相代为提交。用原一平的话来说，这种挖掘客户的方式叫"蛙跳战术"，即我们通常所说的人脉。

在这里，我们必须搞清楚两个概念——圈子和人脉。这两个概念的不同之处在于，圈子相对比较封闭，犹如宇宙中的黑洞，是向内的；人脉比较开放，如同物理学意义上的辐射，是向外的。

尽管圈子和人脉都能创造价值，但圈子的作用往往是用来固化价值，而人脉的作用则侧重于创造价值。举个例子，比如你身价百万，那在你的圈子中，朋友的资产状况也往往会大致处于同一水平，你们需要通过"抱团"的方式巩固社会地位，进行社会资源互换。然而，当你想进入千万资产级别的圈子的时候，你就需要利用人脉，打通上升渠道。换句话说，圈子相当于根据地，而人脉相当于前哨，决定了我们能否在新的领域里开疆拓土。

拓展人脉时，有的人喜欢"打感情牌"，有的人喜欢"走礼品路线"，有的人信奉"大力出奇迹"。虽然办法因人而异，数不胜数，但其中有些误区，是我们在以后的工作中应该去尽力避免的。

误区一：遍地撒网，到处捞鱼。

有的保险推销员平时风风火火，特别积极地参加或者举办各种聚会，一副业务骨干的派头，等到需要拿业绩说话的时候却是两手空空，左支右绌。保险推销是一门与人打交道的生意，保险推销员手里掌握的人脉多固然是好事，但有一个问题需要注意，那就是"人脉多"与"人脉有用"是两个完全不一样的概念。如果有些人脉不能转化成有价值的资源，那它们对我们的工作就没有太大意义，我们可以把它们当成一种友情来维持，但不能在其中投入太多的工作精力，不然就会做大量的无用功。

误区二：人脉就是人情。

很多人以为，拓展人脉的方式就是腿要勤、嘴要甜、逢年过节送送礼。的确，这是拓展人脉的办法之一，但现实要残酷得多，在这个世界上，除了至亲，没有人会因为腿勤、嘴甜、一点小礼物而在我们身上耗费太多的精力。人脉的本质是一种资源交换，如果对方觉得这种交换关系是不等价的，那你在对方眼里只是一个不起眼的过客而已。所以，拓展人脉的时候，我们必须想到的一个问题是，我们手里的保单能为客户带来什么，或者客户需要什么。

误区三：人脉是事业成功的根本。

无论我们从事何种职业，在某个阶段，必然会因为某些外界刺激而焦虑，比如，看到同事升职加薪，自己却在原地踏步，看到同事业绩飙升，自己的事业却不见起色。在这个时期，人难免会怀疑自己的能力，认为自己的能力已经触及天花板，要想取得事业上的突破，就必须依靠人脉资源。人贵有自知之明，懂得取长补短是好事，但我们必须明白一个大前提：我们自身的能力才是事业成功的根本，人脉只能起到辅助作用。因此，当我们陷入职业焦虑期时，不妨先静下心来问问自己：我在工作中真的做到全力以赴了吗？

如果能力确实有限，已经触及天花板，那么在接下来的工作中，我们就可以在开拓人脉上投入多一点的精力；反之，如果在目前的工作中没有做到全力以赴，仅仅是心浮气躁，那么最好还是静下心来提升业务能力，否则，结果一定是能力匹配不上梦想，竹篮打水一场空。

02
不怕失败，当机立断

原一平曾说："作为保险推销员，看到别人成功时，我们应该羡慕，但也应该同情，因为对方的成功肯定是以无数次的失败为代价换来的。羡慕，是我们前进的动力；同情，不会让我们气馁。失败是每个推销员都会遇到的情况，而每次遇到失败，我们都应该进行反思，唯有如此，失败才是有价值的，否则它就没有意义。"

昭和时代，原一平的推销业绩常年居于全日本榜首，推销技艺可谓炉火纯青，但即便如此，到晚年回顾从业生涯时，他也不认为挖掘客户是轻而易举之事。

保险推销是勇者的行业，一旦进入其中，就要做好被客户和社会"毒打"的准备。与原一平相比，其实大多数保险推销员的处境都相对好一些，至少可以从亲友圈开始做起，不必突然迎接陌生人的"毒打"。原一平则不然，初到东京时，他举目无亲，在明治保险公司内部也只是边缘人，既无亲也无友，完全是白手起家。对于失败的滋味，他的体会比任何人都更为刻骨铭心。

尽管后来随着事业和工作能力的提升，原一平总结出了许多与不同客户打交道的方法，但他始终认为，挖掘客户只有两个原则：第一个原则是，让工作成为一种习惯，而不是只把它定义为"工作时间之内的活动"，哪怕是在工作时间之外——比如假日或者下班途中——只要看到某人有成为潜在客户的可能，就应该马上行动起来；第二个原则是，做好失败的准备，并且能够对每一次失败进行反思。

第一个原则属于操作层面或者技术层面，第二个原则具有方法论的性质，它们是同为一体、不可分割的。而在二者之中，又以后者为重中之重，因为它相当于操作层面的指南针。

退休之后，原一平总结了几十年里的失败经验，他认为，保险推销员挖掘客户时，最有可能因为四个原因而导致失败。

第一个原因是缺乏职业信念，对所从事的职业没有认同感，从内心深处排斥甚至鄙视保险推销，只是为了有一口饭吃才做保险推销员。缺乏职业信念所造成的后果是，抱着守株待兔的心理对待客户，对工作不积极、不认真，得过且过，做一天和尚撞一天钟。

第二个原因是缺乏职业道德，唯业绩和利益是图，津津乐道于所谓的话术，给客户挖坑，报喜不报忧，把保险说得天花乱坠。短期来看，这样做或许真能取得不错的业绩，但长期来看，这样做必然会损害自己的职业前途和行业的整体声誉。

第三个原因是性格上有致命的职业缺陷。性格是先天遗传的，更是后天养成的。每个人的性格中多少都有些缺陷，虽然在后天环境中，这些缺陷可以通过教育以及自我控制等方式来不同程度地加以弥补，但一个人如果性格缺陷太大的话——比如狂躁、抑郁、孤僻等——就无法胜任保险推销工作了，因为他很难按照常规方式处理好人际关系。

第四个原因是职业技能太差。一个优秀的保险推销员必须是一个"多面手"，不仅要对保险行业、保险种类、推销知识有充分的了解，除此之外，还要对其他知识有一定的积累。这是因为，不同的客户所具备的知识结构是千差万别的，比如有的人对汽车感兴趣，有的人对流行服饰感兴趣，有的人对美食感兴趣……当然，在这些领域我们不必成为专家，但至少应该做到能接住客户的话茬儿。如果我们跟客户打交道时，张口闭口都是保险，接不住客户的其他话题，客户就难免会认为我们过于功利，索然无味。

如果以上所说的四个问题我们都没有，那么在挖掘客户时，我们只需要勇敢地去做就可以了。不要放过任何一个可能挖掘到客户的机会，坚信成功只是一个时间问题。当然，通往成功的道路肯定不是一帆风顺的，难免会有崎岖坎坷，所以我们还要有乐观的心态。

原一平曾说："一个成功的推销员在遇到挫折时，必须学会给自己打气，保持乐观的态度，告诉自己永远不要认输，眼前的失败只是为以后的成功做铺垫。"

乐观或者悲观属于人生观方面的问题，或者说属于形而上的哲学方面的问题，本身无所谓好坏对错，但在保险推销行业里有一点毫无疑问——乐观者比悲观者更容易成功。

虽然我们不敢说只要抱着乐观的心态行动起来，就一定会成功，但是，即使成功的可能性微乎其微，我们也要勇敢地去面对挑战。需要说明的一点是，我们这样说绝不是提倡蛮干，不能光靠一腔热血来解决问题。善于反思问题，将反思所得落实到行动中，这样的行动才是有意义的。

03
干洗店里做成的大单：搜集信息

世界上并不缺少美，只是缺少发现美的眼睛。对于许多保险推销员来说，这句话可以改一下——世界上并不缺少客户，只是缺少发现客户的眼睛。原一平之所以能在昭和时代的日本创造那么辉煌的推销业绩，很重要的一个原因，就是他善于发现客户。

原一平与串田万藏结缘之后，串田万藏送给了他一身像样的行头。这身衣服很昂贵，原一平视若珍宝，一直舍不得用手洗，当衣服需要洗的时候，他就送到干洗店。在当时的日本，干洗店还是一个新兴的行当，不是一般人能消费得起的，但为了工作形象着想，原一平认为多花点钱也是值得的。

有一次，原一平去干洗店取衣服时，看到了一套做工很讲究的毛呢西装，敏锐的"职业嗅觉"立刻告诉他，这套西装的主人一定身份不菲。原一平看到这套西装的姓名标签上写着"小田沼盛"，于是他在脑海里飞快地构思出了一个挖掘客户的计划。

"原来小田沼盛先生的衣服也在您的店里洗啊！"原一平装出一副与小田沼盛很熟的样子。

"是啊，他跟您一样，也是这里的常客。原一平君，您和小田先生很熟吗？"

"我们认识很久了。"原一平又说了一句谎话，"不过我从来没见他穿过这套西装，这应该是定做的吧？"

因为平时进出干洗店的衣服都是高档货，所以店主见多识广，他一听原一平的话，话匣子立刻就打开了，开始详细地讲述毛呢西装的质地、做工，以及制作西装的裁缝店。在这些看似乱杂无序的信息中，原一平得出了两个关键信息：第一，小田沼盛经营着一家橡胶制品公司，是个值得挖掘的大客户；第二，小田沼盛十分讲究衣品，平时最喜欢光顾泽田裁缝店。

得到这些信息之后，原一平迅速展开行动，按照干洗店店主提供的"情报"前往泽田裁缝店。他以小田沼盛的生意合伙人的身份，详细打探到了小田沼盛的穿衣喜好，并完全按照其品味为自己定制了一套西装。

几天后，原一平穿着这套西装来到了小田沼盛的办公室。事实上，小田沼盛并不是一个容易接近的人，虽然他待人接物彬彬有礼，但礼貌中总是隐藏着一种拒人于千里之外的冷漠，然而，在看到原一平身上的那套西装的瞬间，他的眼睛里绽放出了一丝异样的光芒。作为一名阅人无数的保险推销员，原一平马上就读懂了那个眼神的含义——小田沼盛的眼神分明是在说："眼前这个家伙和我很投缘啊！连穿衣服的品味都和我如此相像！"

当天，在小田沼盛的办公室里，原一平成功地签了一个大单。但签单只是附属品，因为在会谈的大部分时间里，他们两个人谈的都是衣品。有备而来的原一平当然是"对症下药"，小田沼盛所喜欢的也都是他"喜欢"的。

挖掘客户是每个保险推销员入行后都会面对的难题。原一平曾说："常常有后辈问我，怎么才能找到客户？客户是谁？他们在什么地方？我觉得，问这些话的人应该先问问自己，因为只要留心观察，你就会发现身边到处都是客户。"这番话的核心思想其实就是一点——搜集信息。

无论从事任何工作，搜集信息都是一种极为关键的工作能力。在几十年的保险推销生涯中，与原一平有过接触的客户将近 3 万人，其中至少 70% 是他依靠细微的信息挖掘出来的。在他生活的那个年代虽然已有电话、电报等信息搜集工具，但与如今相比，他在工作中所使用的工具无疑是比较落后的。尽管所处的时代不同，搜集信息的工具也千差万别，但原一平搜集信息的方法可以给我们做一个参考。

原一平搜集信息的方法分为三个步骤：搜索—提炼—整合。

搜索，即通过各种渠道搜集客户信息，但在此过程中必须明确搜索主题，比如我们想了解的是客户的投保需求、资产状况、家庭情况，还是个人爱好等。在如今的社会，搜索工具是多种多样的，例如网络、社交软件等，大数据时代的来临，更为我们搜索信息提供了便捷的条件。但是，我们需要注意的一点是，在搜集客户信息的时候，绝不能触碰客户的隐私。

提炼，即对搜集来的信息进行初步加工，去粗取精，对客户的特点形成一个大致的了解。当然，何为有用信息、何为无用信息并无一定之规，比如，你在某些社交软件上看到客户有养宠物的爱好，如果你也有一样的爱好，那么这个信息就是有用的，可以被当作约见客户时的一个话题，否则它就是一个无用信息。

整合，即把提炼后的信息分门别类地存放到工作笔记里。现在很少有人来手写笔记了，大多数人用的都是电子文档或者云笔记。不管采用哪一种形式，我们都应该做到三点：第一，定期整理，更新资料库，删除无效信息；第二，为每个客户建立标签，以便随时检索；第三，按照老客户、准客户、潜在客户的标准，对客户资料进行分类，从易到难，有重点地推进工作，切忌四面出击。

04
建立开拓客源的据点

虽然保险推销员开拓客源的方式千变万化，但一般来说，大多数人开拓客源的方式主要有两类：一类是点式开拓，另一类是线式开拓。

所谓点式开拓，指的是随机性比较高的开拓方式，哪里有客户就往哪里跑，以针对零散客户为主。

所谓线式开拓，就是我们通常所说的"人托人"，通过人脉以线性方式开拓客源。

除此之外，还有一种面式开拓。虽然很难说这是原一平首创的，或许在他之前就有人这样做过，但毫无疑问的是，在他手里，面式开拓客源的方式才得以成为推销学上的一个典型方法。

1944 年冬季的一天，原一平到一家高档服装店为久惠购买一条围巾，作为生日礼物。就在他挑选围巾款式的时候，无意间听到一个顾客与售货员之间的对话。

"这条围巾多少钱？"

"4 万日元。"

原一平用眼角的余光一瞥，看见那个顾客中意的围巾正是他刚才看过的那条，但因为价格过于昂贵，他没有买。

"给我包起来。"那个顾客轻描淡写地说。

"这人竟然这么有钱吗？买几万块钱的东西连眼睛都不眨？"原一平心想。但更让他吃惊的事情还在后面。

"你这里的鞋好像还是我上次来看到的那些款式啊，没有新货吗？"那个顾客又问。

"有新到的款式，很抢手，只剩下一双了，您是常客，我怎么能不给您留下呢？"售货员从店面后面的储货仓库里拿出了一双鞋，"6 万日元。"

顾客打开鞋盒看了看，满意地点了点头，说："好的，这双鞋也给我包起来吧。"

"您对您的夫人真是体贴啊！"售货员恭维道。

顾客走后，原一平问售货员："刚才那个先生是谁？我看他选的都是上等货，在东京，恐怕只有您的店里有这样的上等货。"

"您可真会说话。"售货员被原一平夸得面有喜色，"刚才那位客人，是川崎钢铁公司的董事冈坂先生，也是我们店里的常客。不是我夸自己，到我这里购物的基本上都是有身份的人。"

看到这里，想必有的人觉得自己已经猜到了下文——原一平向售货员打探顾客的信息，然后想方设法签了一个大单。事实确实如此，但这只猜对了一半，另一半是，原一平后来和售货员成了朋友，把这家店当成了一个信息收集站，通过它开拓了许多客户。

还有一次，原一平奔波一天而一无所获，傍晚回家时，他途经一个公墓，看到一些穿着丧服的人从墓地里走出来。丧服是一次性用品，一般都是用价格低廉的粗糙面料制成，但从墓地中走出来的这些人，所穿丧服的面料看起来却颇为考究。

"到墓地看看吧，万一有收获呢？"在这个古怪念头的驱使下，原一平走进墓地，来到了一座青烟袅袅的新墓前。

原一平端详着墓碑上亡者的名字，忽然，他像发现新大陆似的，心里所有的沮丧一扫而光，取而代之的是一股跃跃欲试的工作热情，于是他马上奔赴墓地旁的一座寺庙——那里也是这片墓地的管理机构。

"请问有人在吗？"

"来啦，来啦！有何贵干？"一位僧人问道。

"有一座×××先生的墓，您知道吗？"

"当然知道，他生前可是个大人物啊！"

"他生前是我的好朋友，可我从来没有去过他家。我想去拜访一下他的家人，您能告诉我他家在哪里吗？"

"您稍等，我这就帮您查。"

几分钟后，原一平拿到了亡者家眷的住址。但这对于他来说，事情只做了一半，后来，在村云别院住持的介绍下，他与公墓旁的这座寺庙的住持成了至交，并得到了许多有利于工作的"情报"。

在几十年的从业生涯中，高档服装店和公墓旁的那个寺庙，只是原一平建立的许多"情报站"中的两个。除此之外，他在别的地方也建立过一些类似的"情报站"，比如西式糕点店、定制高级西装的裁缝店、停车场、社区管理处等。

说到这里，我们应该就能明白何谓面式开拓了。所谓"面式开拓"，其实指的就是在客户比较密集的地方建立搜集工作信息的据点，再根据信息进行辐射式的拓展。

在点式、线式、面式这三种开拓客源的方式中，面式开拓能够最大限度地为我们节省寻找客户的时间，从而提升工作效率，但这并不是说另外两种开拓方式就没有可取之处。一般而言，从事保险推销行业的新人往往需要从点式开拓做起，扎扎实实地把基本功练好，唯有如此，才能进入第二重境界，以首批客户为基础，延展人脉，进行线式开拓。面式开拓既是对前两种方式的升华，也是对它们的融合，在实际操作中，推销员总是需要用到在前两种方式中所积累下来的工作经验和工作技巧。

总而言之，要想成为一名优秀的保险推销员，就必须善于发现，能够及时把握机会，将推销融入生活中，使推销成为一种下意识的习惯。就像原一平所说的那样："机会存在于每个角落，只要善于发现，敢于行动，能够行之有效地借助外力，即使是婴儿，也是值得推销员下功夫的对象。"

05
客户鉴别术

1943 年，为了拿下一个客户，原一平一个星期拜访了他四次，打了十几个电话，介绍了每一个险种，并给予了诱人的优惠价格，但他最终也没有在原一平手里购买任何保险。后来原一平才知道，即使自己再努力，他也绝不会为自己津津乐道的保险花一分钱。这是原一平与这位客户刚接触时就注定的结果。

原一平之所以认为这位客户有投保意愿，是因为他去明治保险公司拜访过原一平，饶有兴趣地问了许多关于保险方面的问题。然而，实际情况是，与原一平接触之前，这位客户就已经在一个朋友那里买了一份人寿保险。他之所以去拜访原一平，问了那么多保险方面的相关知识，只是想暗中比较一下，看看自己在朋友手里买的那份保险有没有吃亏。

通过这个例子我们可以看出，在实际工作中，我们"所认为的潜在客户"与"事实上的潜在客户"是两种完全不同的人，只有找到后者，我们才有可能实现销售。作为一名保险推销员，要想找到真正的客户，就必须拥有鉴别客户的火眼金睛，能够准确识别出有效客户，否则我们就会像原一平这次所经历的那样，虽然在客户身上花费了大量的时间和精力，最终却一无所获，空手而归。

那么，判断一个客户是不是有效客户的标准有哪些呢？一般来说，衡量一个客户能否成为有效客户的标准有四个：一是，是否有投保意愿；二是，是否有投保能力；三是，是否有投保决定权；四是，是否有投保资格。

只有满足上述四个条件的客户，我们才能说他是一个真正的潜在客户。以下，我们分别阐述这四个条件。

一、是否有投保意愿

这是判断一个客户能否成为潜在客户的前提。住豪宅的人可能不会对二手家具感兴趣，抽惯了好烟的人可能不会对劣质烟感兴趣，吃低保的人可能不会对投资理财感兴趣……同样的，如果客户对保险毫无兴趣，那么我们与他接触就没有意义。当然这不是绝对的，毕竟有些客户对保险没有兴趣是因为不了解保险，如果是这样的话，那么这类客户也是有可能成为潜在客户的。

二、是否有投保能力

险种不同，所对应的价格也不同，这就要求我们在推销保险时必须对客户的资产情况有一个大致的了解，这样才能针对不同的客户推荐不同的险种。当然，这并不是说我们在推销工作中可以嫌贫爱富，而是这样做可以提高工作效率。无论如何，我们都必须恪守职业操守，牢记一点——在考虑客户资产状况的前提下，只为客户推荐最合适的险种。

三、是否有投保决定权

当我们将某个客户锁定为潜在客户时，有时候会因为不清楚谁有最后的决定权而功亏一篑。

某次，经小泉信三介绍，原一平结识了早稻田大学的一个生物学教授。由于常年在实验室伏案工作，教授本人十分想为自己买一份人寿保险，几次接触下来，彼此的沟通十分顺畅。然而，到了付款的环节却出问题了——掌控着家庭经济大权的教授夫人对保险非常抵触，无论如何都不同意为丈夫购买保险，在她看来，花钱买保险就等于拿钱打了水漂。经过原一平苦口婆心地劝说，最终她才同意为丈夫购买寿险。

相对来说，像这种家庭内部的财权控制问题，还是比较容易解决的。真正难以处理的，是有些愿意为员工购买额外险种的大客户。因为公司越大，问题也就越难处理，往往牵涉到人事、财务、经理人、股东等。

四、是否有投保资格

保险种类不同，所对应的客户群体也不同。近年来，骗保案件时有发生，比如有的客户不具备买人寿保险或者重疾险的资格，却在投保时伪造体检证明，刚投保就要求理赔。在有些情况下，保险推销员明知道客户不具备投保资格，但为了业绩，就选择故意蒙蔽公司。诚然，业绩十分重要，直接关系着我们的职业发展，但我们必须知道，那些行为的后果是很严重的，最终造成的损失往往需要由客户或者公司来承担，作为连接客户和保险公司的中间人，推销员也必定会受到相应的处罚。

因此，在日常工作中，我们与客户打交道时，必须做到眼里有事、心中有数、实事求是，按照客户的实际情况推销相应的险种。如果发现客户没有考虑到某些问题，我们应该善意地提醒；如果发现客户有所隐瞒，并不具备投保资格，我们也应该及时规劝，或者拒绝。

以上四点，就是鉴别客户的原则。俗话说，无规矩不成方圆，某种程度上来说，我们可以把这四点当成规矩，只要把它们牢记在心里，在挖掘客户时，我们就不至于无的放矢，做无用功。

06
原一平的苦肉计：接近客户

在前面几节，我们讲的是如何寻找客户、如何鉴别有效客户。在本章的最后一节，我们来讲一讲如何接近客户。毕竟，不管我们寻找到多少客户、鉴别出多少有效客户，最终的落脚点都是设法接近客户，签订保单。

还是一个初级保险推销员的时候，原一平有一次骑着自行车到一个高级社区开拓客户，途中经过一座正在施工的大桥时，由于他满脑子都想着工作，没有注意脚下的路，一不小心连人带车摔到了河里。虽然他没有受重伤，但他的自行车摔坏了，身上也摔青了好几块，有的地方还流了血。

"真是倒霉！怎么这么不小心，一天的工作泡汤了。"原一平暗中咒骂着自己，打算返回公司。但就在调头的瞬间，他灵机一动，扶起自行车朝离自己最近的那一家人走去。当女主人出来开门时，原一平立马说道："太太，我今天真是倒霉。前面那座桥很危险，您经过的时候千万要小心啊。"接着，他就把自己摔倒的经过对那位太太绘声绘色地讲了一遍，还把身上的伤口展示给对方看。等他说完，那位太太疑惑地问道："请问您是……"

这时，原一平才开始正式做自我介绍。因为刚才那一番绘声绘色的"表演"，他们之间的陌生感已经消除殆尽，因此，原一平几乎没有费什么力气，就顺利地签了一份保单。当天，在剩下的时间里，原一平"故技重施"，在同一个社区内，又顺利地签了几份保单。

诚然，原一平的苦肉计有些表演的成分，也有几分滑稽，但不可否认的一点是，他用这种方法接近了客户，并且取得了很好的效果。有的人或许会说，原一平这样做是欺骗，但我们应该看到的一点是，原一平最终卖给客户的是货真价实的保单，确实能够帮助客户解决问题，绝无虚假成分在其中，而且他身上的伤也不是故意弄出来的。因此，与其说这是"欺骗"，不如说这只是他灵机一动想到的接近客户的一个小技巧。

关于如何接近客户，原一平总结道："接近客户可以分为两个步骤：第一，吸引客户的注意力；第二，引起客户对保险的兴趣，从而诱发客户的购买欲望。"下面，我们来详细讲解一下这两个步骤。

一、吸引客户的注意力

很多保险推销员应该都有这样的经历，当我们对客户说明来意时，客户一边忙着手里的事情，一边说："你说你的，我忙我的，我听着。"

一般情况下，如果客户说这样的话，就意味着这笔买卖做不成了。对于缺乏经验的推销员而言，这种情况尤其可怕，因为他们不敢得罪客户，只能顺着客户的意思磕磕巴巴地介绍自己的产品，结果也往往是被客户敷衍了事，轻易地打发走。在此，我们可以告诉大家三个解决这种问题的话术技巧，或许它们并不能解决所有的问题，但应对一般的客户还是可行的。

首先，面对这样的客户，我们可以说，"我要是能像您一样，有一心二用的本事就好了"。正常情况下，客户的注意力自然而然会被这种恭维吸引过来。或许有的人会想：这样说的话，客户会不会以为我们是在讽刺他呢？其实这样的担心大可不必，因为客户看似忙碌，但往往并不是真的忙，而只是用忙碌的姿态拒绝保险，或者将推销员置于防守地位。不过，如果太担心触怒客户，我们可以采取第二种话术。

其次，客户正在忙什么，我们就谈什么。举例来说，如果约见的地点是公司，我们可以夸奖客户的工作有效率、公司经营得好；如果约见地点是客户家里，我们可以夸奖房屋的装修有品位、家庭氛围融洽。

最后，如果我们感觉客户的忙碌是真的，并非故作姿态，那就不要给客户添乱了，而是应该大大方方地说，"没关系，我等您一会儿，等您忙完了再说"，或者，"如果您现在太忙，请您定个时间，下次我再来"。

二、引起客户对保险的兴趣

在与客户接触时，尽管我们可以运用各种话术拉近与客户的关系，但所有的话术最后都要落到保险上，毕竟我们不是去跟客户闲聊的。如果客户对我们所有的话题都感兴趣，唯独对保险兴致索然，那么推销就失去了存在的意义。这就要求我们在做推销工作时，务必要让所有的话术围绕着保险运转，就像剥洋葱那样，层层引发客户对保险的兴趣。这套流程大致可以拆解为四个步骤。

首先，事先尽最大的努力，做最为充分的调查，了解客户对保险需求的痛点在哪里。须知：这是洋葱的核心，也是我们正式与客户接触后的谈话重点。

其次，与客户约谈时，我们要针对客户的需要，突出险种的亮点。如果我们介绍得面面俱到，但都平平无奇，那客户对所谈险种的兴趣就会大减。当然，我们在突出亮点的同时，也不能忽略险种的其他特色，但切忌喧宾夺主，介绍其他亮点时，语言应该短而精。

再次，在介绍完险种的亮点和其他特点后，我们要讲述一个案例，而且案例必须是真实的。但讲述的时候可以像讲故事那样把握好节奏，针对客户的痛点抖包袱，最终使客户产生"这样的保险我也要买一份"的感觉。

最后，在讲述保险产品优点的同时，我们也应该适当地说一下缺点，切忌将产品说得天花乱坠。因为，其一，产品的缺陷直接关系到售后服务，如果我们报喜不报忧，客户将来发现问题的时候，很容易产生上当受骗的感觉；其二，适当地说一下产品的缺点可以让客户对我们和产品产生信任感，否则容易让客户心生疑虑。

第八章

推销实操技巧

恰当的沉默不仅是允许的，而且也是受客户欢迎的，因为他们会感到放松，事后不会觉得保单是在被催促的情况下而签订的。

——原一平

01

避免过分推销

从前有一个老太太，她有一个如花似玉的女儿，与邻家一个做屠夫的小伙子是青梅竹马的恋人。老太太很喜欢这个小伙子，但她看不上他的职业，于是对女儿说："你可以嫁给那个小伙子，但结婚前你要先让他转行，不能再做杀生害命的营生。"

为了能和心上人在一起，女儿牢牢记住了母亲的话，经常给恋人讲众生平等的道理，劝他转行。有一天，女儿哭着回家了，母亲问她为何如此，她说："那小子听我的话转行了。"母亲说："那不是挺好的事吗？你哭什么？"女儿说："可我说过了头，他现在要出家做和尚了。"

在推销学里，故事里的女儿的做法叫"过分推销"。为了让大家更好地理解，我们再举一个现实的例子。比如，有时候我们去超市购物，明明很中意某件商品，最终却因为导购员热情得令人厌烦的介绍而放弃购买。

出现过分推销的原因是多方面的，最为根本的原因是，推销员对自己的职业和产品缺乏信心，潜意识里认为自己的职业低人一等，自己的产品要卖出去必须靠客户的恩赐。

保险推销是低人一等的职业吗？只要不坑蒙拐骗，靠自己的能力吃饭，做任何职业都不丢人。也许，保险推销这个行业里有害群之马，但保险推销本身是一种正当职业。

要想把保险卖出去必须靠客户的恩赐吗？事实显然并非如此。我们必须明确一点：我们把保险卖出去既是为了业绩，更是为了帮客户解决问题，规避未来可能遇到的风险。如果客户买了某一种保险之后，在未来因为这份保单而挽回了财产损失，我们会不会因此而产生成就感呢？说到底，买卖保险是一种等价交换的关系，丝毫不存在谁恩赐谁、谁有求于谁的问题。

原一平年轻时，有一次想把一份人寿险卖给一个朋友。当时原一平还没有成家，与那个朋友的关系很好，时常在朋友家借宿，虽然朋友也有购买保险的意愿，但就是迟迟没有签订合同。

一天晚上，原一平半夜起来上厕所，在经过朋友母亲的卧室时，听见老太太在卧室里对儿媳说："说实话，我非常讨厌那个原一平，他一来我们家就把保险挂到嘴上。我知道保险有用，但他越说我就越不买。等着吧，再吊他几天，他还会让价的。"

听到这些话，原一平哭笑不得。事实上，他给朋友的价格已经是最优惠的价格了，再让价的话，明治保险公司就不能同意了。

第二天，原一平离开了朋友家，好几天后才再次来访，但绝口不提保险。后来他又去了几次，但每次都不提保险。最后，老太太终于按捺不住，在原一平手里为儿子买了一份保险。

原一平认为，原本可以成交的保单，突然之间前功尽弃的原因有很多。有的原因是难以控制的，比如竞争对手的突然介入、客户财务状况的突然变动；但有的原因是可以控制的，比如客户的购险意愿不是十分坚定，以及保险推销员的过分推销。许多推销员忙于夸夸其谈，希望在心理上压倒客户，促使客户产生投保的迫切感，却没有意识到这样做反而会产生反作用，使客户产生赶快逃离的念头。

过分推销是一种自讨苦吃的做法，无论推销员这样做的动机是什么——对职业不自信，对产品不自信，或者是对产品太自信——都会使客户变得疑虑重重、犹豫不决。当推销员口若悬河的时候，客户心里会想："为什么我准备投保的时候，他还要继续介绍下去呢？恐怕这是欲盖弥彰吧？"结果，推销员说得越多，成交的可能性反而会越小。

那么，如何避免过分推销的问题呢？方法其实很简单，四个字——察言观色。

当客户被我们的推销策略打动而流露出投保意愿时，一定会通过面部表情、肢体语言或者口头语言，释放出某些信号。一旦察觉到这些信号，我们就可以用以下两种方式来应对。

第一种方式是马上停止说话，在安静的气氛中等待客户做决定。用原一平的话来说就是："一定要学会正确地判断在什么时候该管住自己的嘴，否则话太多就会成为损害你的推销生涯的症结之一。"一般情况下，客户流露出投保意愿的时候，接下来的举动就是正式投保；如果客户还有别的问题，我们要做的就是见招拆招，切忌客户还没有说话，我们就自作聪明地像机关枪似的说个不停。

第二种方式是顺水推舟，帮助客户下决心，马上告诉客户："如果您有投保意向，现在就可以签订保单。"有些保险推销员不敢这样做，害怕会起到适得其反的效果，甚至会使客户恼羞成怒。这样的担心并非杞人忧天，我们有时确实会遇到这样的情况，但在将保险的好处讲透的前提下，客户一般会顺着我们的意思立即签单。

如果我们有上述疑虑，不愿轻易冒险，那么可以采用第一种方法。这时候的气氛或许会陷入沉默，但我们完全不用觉得尴尬，如原一平所言："恰当的沉默不仅是允许的，而且也是受客户欢迎的，因为他们会感到放松，事后不会觉得保单是在被催促的情况下而签订的。"

02
学会应付竞争对手

保险行业的内部竞争十分激烈，即使是同一险种，不同的保险公司也会推出不同的竞争策略以便抢占市场。虽然推销保险时，很少会发生我们与竞争对手同时出现在同一个客户面前的情况，但我们的客户对我们的竞争对手也并非一无所知。因此，对于竞争对手的各方面情况，我们一定要做到烂熟于心，唯有如此，一旦客户问到竞争对手的情况时，我们才不会陷入一问三不知的窘境。

尤其需要注意的一点是，如果客户没有主动问起，我们就不要先开口提到竞争对手，否则等于横生枝节。比如，客户本来对竞争对手一无所知，但当我们提起竞争对手后，客户反而会产生好奇心，追根究底，甚至打消投保意愿，转而与竞争对手合作。再比如，客户本来对竞争对手有一定的了解，如果我们介绍竞争对手的情况时，所介绍的信息与客户了解的信息有出入 ①，客户就会对我们产生不好的印象，认为我们在故意欺骗。

---

① 请注意，这里所说的"有出入"的意思，绝不是说客户问到竞争对手的信息时，我们刻意扭曲竞争对手的形象，而是说，对于同样的信息，我们和客户的理解会有偏差。

那么，如果客户主动问竞争对手的情况，我们该如何应对呢？

一、知己知彼，百战不殆

关于这一点，原一平曾说："我不相信单纯依靠推销术就能做好生意，但我相信，对竞争对手的情况一无所知是极大的错误。刚进入这个行业的时候，我喜欢埋头苦干，对市场动向无动于衷，而现在呢，只要一发现市场上新出现的竞争产品，我马上就会千方百计地搜罗竞品信息。如果竞品在市场上不停地攻城略地，而我对此一无所知，那就意味着我的职业生涯快到头了。请记住，必须了解对手，超越对手，我们才不至于在推销工作中陷入被动挨打的困境。"

二、循循善诱，对症下药

有的保险推销员认为，当客户问到竞争对手的情况时，我们应该给予对手赞扬和肯定，以此来显示自己坦荡，对客户无所隐瞒。

不可否认，这样做是有好处的，它可以让客户觉得站在自己面前的推销员是个值得信任的人；但遗憾的是，这样做也是有负面作用的，那就是这笔买卖大概率是谈不成了。因为，当客户问到竞争对手的情况时，可能是基于两个原因：第一，单纯出于货比三家的心理，看是否有更好的选择；第二，对竞争对手已经有所偏向，如果我们夸奖竞争对手，会更加坚定客户的原有看法。

因此，在实际工作中，当客户向我们询问竞争对手的情况时，我们仅仅表达对竞争对手的肯定是远远不够的。正确的做法是，我们应该先想办法问出客户对竞争对手的了解程度——是出于货比三家的心理，还是已经有所偏向。

比如，我们向客户推荐一种人寿保险时，客户问道："××保险公司的人寿保险怎么样呢？"这时候我们可以以问代答："到目前为止，在所有的保险公司中，您最中意哪个公司的人寿保险呢？"

如果客户只是出于货比三家的心理而发问，我们就需要简明扼要地逐一介绍各家保险公司的人寿险产品，并突出自家产品的亮点；如果客户已经有所偏向，我们就要进一步发问，弄明白客户为什么会做出那样的选择，再通过对比来突出自家产品的优势。比如，如果客户看重的是竞争对手的价格优势，我们就得突出自家产品在其他方面的优势；如果客户看重的是竞争对手在其他方面的优势，我们就得告诉客户，自家产品最大的亮点是价格。

三、绝地反击，有理有据

我们并不提倡攻击竞争对手，但在某些极端情况下，与竞争对手发生冲突却是不可避免的。只是，这种"战争"并非直接发生在我们与竞争对手之间，而是当我们向客户推销保险时，已经有所偏向的客户会为竞争对手说话，把我们的产品贬得一无是处。这时候，我们就需要奋起反击，维护我们的职业尊严和产品尊严。

在已经有所偏向的前提下，即使竞争对手的产品有缺点，客户往往也会进行自我安慰，对缺点视而不见；反之，对于我们的产品，客户对优点会视而不见，对缺点会无限放大。

一旦遇到这样的客户，千万记住，一定要迂回作战，不要正面起冲突，否则只会让争执更加激烈。所谓迂回作战，就是用和气的态度说硬气的话，用令人信服的产品优势去回应客户的非议，促使客户自己去反思。换而言之，在这样的冲突中，我们要做的不是去证明竞争对手的产品有多么不好，而是来证明自己的产品有多好。一般情况下，当客户流露出疑虑的时候，往往就意味着我们在这场冲突中获胜了，但此时依然需要记得一点——千万不要催促客户马上投保，而是要说："说了这么多，相信您已经有判断了，请您自己做决定吧。"

03
打好突袭战

在保险推销中，存在这样一种工作方式：与客户约好会面时间、会面地点之后，再进行正式会谈。除此之外，还有一种常见的工作方式是突袭式拜访，也就是那种事先没有经过预约，直接登门推销的拜访。

晚年的原一平曾说："很多人说我之所以能在保险推销行业做出一番业绩，是因为我是天才，但其实不是，我很了解自己，我所获得的一切业绩都是我挨家挨户走出来的。"

原一平所说的"挨家挨户"，指的就是突袭式拜访，它也是绝大多数保险推销员在实际工作中最常用到的推销方式。

"走，走，我们不需要保险。"

"我很忙，没时间，快走吧。"

"不好意思，我已经买过保险了。"

…………

相信很多保险推销员在突袭拜访客户时都听过这样的话，甚至推销员还没有做完自我介绍，客户就砰的一声关上了门。

原一平认为，要走进客户家里并不是太难的事。一般来说，只要推销员按响门铃，七成左右的客户会把他们请进家里，另外三成则属于戒心很重的人。总是吃闭门羹的推销员有一个共同的特点，他们喜欢在客户门外探头探脑，像"乌龟露头一般畏畏缩缩，看起来既可怜又滑稽"。以这样的"尊容"出现在客户门外，要是能成功让客户签单，那才是咄咄怪事。

原一平在业界小有名气后，曾带过一些新人去练习拜访客户。每次进行突袭式拜访时，一旦发现哪个新人在客户门外像做贼一般，原一平马上就会明确指出错误，让他们大方一点。原一平说："无论生意能否谈成，保险推销员的态度都应该是大大方方、堂堂正正的。即使是第一次练手的新人，面对客户时也应该神色自若，如同老手。"

如何才能摆出老手的姿态呢？一个是衣着打扮，切忌邋遢、不修边幅，必须衣装整洁，给人容光焕发的感觉；另一个是精神饱满，时刻做好被拒绝并拜访下一个客户的准备，即使吃了闭门羹，也不能表现出垂头丧气的可怜模样。关于这两点，我们之前已经讲过很多，这里不再赘述。接下来，我们给大家讲一些在突袭式拜访中能用到的另外几个小技巧。

一、切忌挨家挨户推销

尽管原一平说自己的业绩是"挨家挨户走出来的"，但这只是一种夸张的说法，事实上，他所说的"挨家挨户"是有技巧的。所谓技巧，就是进入一个社区之后进行跳跃式拜访，比如说一层楼有十户人家，只拜访门牌号是奇数或偶数的人家。之所以如此，是因为"隔墙有耳"，当我们在第一个客户家里受挫时，隔壁的人家或许早就听在耳里，并在心里想好了拒绝我们的说辞。

第一个客户是我们能否打开销路的关键，如果我们用尽浑身解数拿下了第一个客户，那么拿下隔壁客户的胜算就会高一些。这时候，我们不妨就进行真正的挨家挨户式拜访，若是受挫，则可以再回到跳跃式拜访的方式上。

二、切忌强买强卖

很多保险推销员认为，在进行突袭式拜访时，拿下客户的诀窍就在于"黏"，像牛皮糖似的黏住客户，并美其名曰"以诚动人"，殊不知这样反而会引起客户的厌恶，以致会被客户冷冰冰地请出去，甚至是轰出去。

保险是一种作用非常大的商品，这是一个事实，但同时我们也要无奈地承认，它也是一种被污名化的商品。许多客户基于对保险的误解，而不管自己是否真的需要，遇到保险推销员的第一反应就是先拒绝了再说。对于这样的情况，我们一定要区别对待，以便做出正确的判断。

如果客户并没有真的接触过保险，对保险的误解只是道听途说，那么我们就要针对客户的误区做出相应的回答；如果客户以前被无良推销员欺骗过，那么我们就要以专业性和实际操作过的案例来证明自己的可信性。但不管是哪一种情况，在客户发泄怨气的时候，我们必须耐心倾听，等客户发泄完毕之后再说话，并且说话的时候要和风细雨，不能用针锋相对的态度应对客户的质疑。只有这样，我们才有可能做成买卖，否则，我们所做的一切在客户眼里都会变成让人心烦的强买强卖。

三、不要被"谢绝推销"的牌子吓住

很多居民楼或者办公楼的门口都会挂着"谢绝推销"的牌子，有的推销员一看到这样的牌子就自动打了退堂鼓，然而，原一平认为，到这样的地方推销保险，成功率反而会更高一些。因为在他看来，这样的客户缺乏与保险推销员打交道的经验，比一般人更不懂如何向推销员说"不"。

只是，这一类人对推销员的态度也往往会比一般人更为冷漠，推销员一定要事先做好心理准备，准备好推销话术，比如，"我不是来推销保险的，只是做新产品说明，绝对不会强买强卖。如果您购买过同类产品，能否给我一些回馈，好让我回去写进报告里；如果没有买过，能否给我几分钟时间，让我做一个简短的产品介绍"。

04
以利动人，掌握主动权

作为保险推销员，我们常常说要以客户利益为先。所谓以客户利益为先，其实指的就是明确告知客户投保后所能得到的利益，站在客户的立场上考虑问题，将客户所得利益最大化，以利动人。同时，这也就引出了另一个问题——掌握主动权。

在实际推销中，我们一定遇到过被客户带偏的情况。一开始，我们是奔着为客户解决问题和推销保险的双重目的而去，但在交谈的过程中，我们被客户抛出来的各种各样的问题带偏了，最终非但买卖没有谈成，我们甚至还会怀疑自己的工作价值和能力。之所以会出现这种情况，问题主要出在两方面：其一，我们未能让客户明确地看到投保所能带来的利益；其二，在与客户的洽谈中，我们丧失了谈话主动权。在这二者当中，一般来说，前者是后者的基础。

换而言之，与客户打交道时，尤其是第一次打交道时，我们必须要让客户明确地看到我们能给他们带来的利益。做到这一点需要多方面的准备，比如对业务知识足够熟悉、业务技能足够精通、对客户的需求有一定程度的了解等。关于这些问题，我们此前讲过很多，这里不再啰唆。接下来，我们来讲一下如何在与客户的交谈中掌握主动权。

通常情况下，我们遇到的客户可以分为两类。

一类客户与推销员谈话时言简意赅，只要推销员的业务技能足够精通，一一回答了客户抛出的问题，就可以最终做成这一单。对于保险推销员来说，这是最为理想的客户，因为这一类客户事先已经有明确的投保需求，推销员要做的只是从侧面加以补充，打消客户的顾虑，消除客户的保险盲点。

另一类客户与前一类客户形成鲜明对比，他们完全没有投保意愿，或者投保意愿很小，就算推销员好不容易说服他们投保，之后他们也还是会有其他各种各样的顾虑，不停地问东问西。就是在这样的交谈中，推销员很容易迷失自己，最终被客户带偏。

有一次，原一平去拜访一个商会的会长。此人性格随和，很容易相处，但一说到保险就开始顾左右而言他。为了做成这笔买卖，原一平拜访了他两次，但都没有什么结果。在进行第三次拜访时，原一平不断变换话题，运用各种话术，但会长一如从前，依然对保险兴致索然，一谈到与保险有关的话题就飞快避开。

"您可真是一个粗心的人啊！"原一平忽然说。

"你说什么？我粗心？"好脾气的会长一下变了脸色。

"开玩笑的，"原一平哈哈大笑，但马上又半开玩笑半认真地说，"因为您说话的时候，焦点总是变来变去。"

会长的神色一下又恢复正常了，跟着原一平哈哈大笑："伶牙俐齿，你的嘴巴可真够厉害的。"

在这个小故事中，原一平开玩笑的目的，就是要吸引客户的注意力，以便掌握谈话主导权。但这个方法比较冒险，如果我们对客户的性格没有精准的把握，建议不要使用，不然就会弄巧成拙，伤害到客户的自尊心，竹篮打水一场空。相比较而言，我们更倾向于推荐大家以保险专家的姿态与客户进行交流。

怎么在客户面前塑造保险专家的姿态呢？简单地说，我们可以将这种方法归结为四个字——先声夺人。

在日常工作中，我们会接触到形形色色的客户，尽管我们对每个客户提出的具体问题不尽相同，但有些问题是有共性的。比如客户的资产状况、家庭构成、对保险的了解程度、未来的职业规划、投保需求的大小等。我们可以把这些问题罗列出来，牢记在脑海里，与客户交谈时再一个个地抛出来，以便向最终目的靠近。如果与客户交谈时，一旦发现有被客户带偏的迹象，我们就应该马上回归正题，按照脑海中规划好的路线一步步地把客户引导到正题上。

须知，人是会受心理暗示影响的。在与客户交谈时，如果接连提出问题的人是客户，我们就会在不知不觉中接受自己的被动地位，反之亦然。只有在谈话一开始就有的放矢，占据提问者的位置，我们才能做到先声夺人，在客户心里形成胸有成竹的专家形象，从而有助于我们在接下来的谈话中掌握主导权。

原一平曾经说："在客户面前透露出权威的气息是十分有必要的，因为很多客户事实上并不知道保险应该怎么买，以及买多少。很大程度上来说，一旦确立投保意愿后，他们往往会更依赖推销员的权威意见。"一个众所周知的事实是，无论从事什么工作，最受信任的一定是专业人士。在保险推销行业中当然也是如此，一旦我们塑造出专家的形象，客户就会不由自主地把话语控制权交到我们手上。

但是有两个问题需要注意：第一，以先声夺人的方式抢占话语主导权的时候，不要摆出咄咄逼人的姿态，像是在拷问客户，这样会引起客户的反感和厌恶；第二，当客户把话语主导权交给我们以后，我们一定要诚实地对待客户，千万不能为了提高销售额而误导客户过度消费。

05
六类客户的特点

在长达几十年的推销生涯中，原一平接触过无数客户，虽说千人千面，但在他看来，这些客户大致可以分为六类：傲慢型客户、理智型客户、敏感型客户、沉默型客户、谎言型客户、专家型客户。

傲慢型客户

这一类客户的特点是自以为是，在推销员面前就像老板对待员工那样盛气凌人，给人一种无形的压迫感，并且喜欢转移话题，不顾及他人的感受，极力营造自己在任何领域都是专家的形象。当你跟他谈保险的时候，他跟你谈文学；当你跟他谈文学的时候，他跟你谈艺术；当你跟他谈艺术的时候，他跟你谈时政……你跟他谈通俗的，他认为你没涵养；你跟他谈高雅的，他又认为你装腔作势，然后盛气凌人地对你指点一番，让你下不了台。

与这一类客户打交道的前提条件是，我们必须搞清楚他们以专家自居的心理，然后才能对症下药。傲慢型客户往往无外乎以下三种心理：

第一，具有身份上的优越感。他们瞧不起保险推销员或者各类推销行业的工作者，潜意识里高人一头。这种优越感或许来自教育程度，或许来自社会身份，又或许来自家庭条件，但无论如何，他们的优越感一定会表现得非常明显，有时候即使不说话，我们也能从他们的神态中感受到。

第二，喜欢炫耀。他们有一种"迷之自信"，总觉得自己无论在何时何地都应该成为万众瞩目的焦点，有机会就要炫耀，没机会创造机会也要炫耀，至于别人怎么看，他们根本不在乎。虽然这样的人很少，不是很容易碰到，但在现实生活中的确存在。

第三，对保险怀有敌意。或许是因为之前被无良保险推销员坑过，又或许只是道听途说，总之，他们对保险充满敌意，会对推销员的职业百般贬损，甚至不等推销员把话说完就会下逐客令。

应对傲慢型客户的方法其实很简单，那就是给予他们充分发挥自我的空间。如果他们是为了表现优越感，那我们就顺着他们，并给予赞赏；如果他们是为了炫耀，那我们就赞扬他们想极力炫耀的地方；如果他们对保险怀有敌意，那我们就听他们尽情倾诉。

不过，在此过程中我们一定要注意两点：首先，恭维不是卑微，如果我们为了销售保险而低声下气，可能会适得其反，让傲慢型的客户更加看不起我们；其次，在傲慢型客户说话的时候，不要轻易指出他们的错误，那样会使事情更加糟糕，如果确实有必要指出对方的错误，也一定要采取委婉的方式。总而言之，与傲慢型客户打交道时，我们必须要让他们产生这样的感觉——我就是优秀，就是比我对面的推销员强一万倍。

理智型客户

这里所说的"理智"，并不是通常意义上的理智，而是指客户被自己所给予的理由说服，认为自己不需要买保险，比如"我现在很健康""我的资产状况很好""我有足够的财产养老""孩子还小，不需要买保险"，等等。我们并不否认，有些人不买保险也能过好一生，但对于大多数人而言，买一份保险还是大有必要的，毕竟世事难料。作为保险推销员，面对理智型客户时，我们所需要做的，就是找到他们思维中的漏洞，利用投保的好处来挑战他们的固有观念。

与傲慢型客户打交道时，我们必须低调，扮演好聆听者的角色；与理智型客户打交道时则正好相反，我们应该在他们面前展现出专家的姿态，让他们明白自己的想法是片面的。

理智型客户的第一个特点，是不容易受到情感的影响，无论是否买保险，他们都会给出一个能说服自己的理由。与这类客户打交道时，推销员不必太在意自己的措辞是否会让客户不适——但这也并不是说，我们可以完全不在乎客户的感受——而是应该把谈话重点放在说理上。要尽量避开不必要的内容，谈话节奏要简洁明快，不拖泥带水，想方设法改变客户的思维定式，把他们从认为买保险没用的人变成有投保倾向的人。

理智型客户的第二个特点，是问题比较多。这是很正常的，毕竟他们是很现实的人，一般情况下不会被情感左右。有的客户在投保时往往出于一时冲动，投保成功后才发现自己忽略了某些方面的问题，他们与推销员交涉时也很容易发生冲突，甚至指责推销员有诱导他们投保的企图。理智型客户一般不会如此，他们一旦产生投保意愿，在与推销员进行前期接触时，就会事无巨细地问各方面的问题，甚至连推销员都想不到的问题，他们也会考虑到。与这样的客户打交道时，在前期工作中，推销员可能会觉得客户"事儿多"，比较累，但签订保单后就会发现，这样的客户反而是最容易相处的。

敏感型客户

我们每个人都有自尊心，但有的人在这方面特别敏感，很多时候，别人听起来普普通通的一句话，却会引起他们很大的反应，这类人就是我们所说的"敏感型客户"。

比如，当我们对一些敏感型客户提到保险的时候，他们会觉得自己被冒犯了，因为在他们看来，保险是一种救济品，只有穷人才需要，自己根本用不着；比如，当我们在一些社区里推销保险，利用推销话术对敏感型客户说"×××也买了这种保险"的时候，他们就会突然生气，说"×××买了保险跟我有什么关系"之类的话；再比如，当我们拜访敏感型客户，问到他们的家庭情况时，他们会忽然脸色难看，不耐烦地催促我们赶紧离开。

敏感型客户之所以敏感的原因非常复杂，因为每个人的敏感点不同，而且敏感点往往涉及个人隐私，如果我们不做细致调查的话，就很难搞清楚客户敏感的原因。尽管我们一再强调推销员在工作中必须细致调查，但也没必要细致到窥探客户个人隐私的地步。

原一平认为，敏感型客户一般具有三个特点。

第一，具有强烈的自尊心。用当下流行的话来说，这一类客户比较"玻璃心"，在任何时候都把自尊心看得无比重要。他们的内心深处沉睡着一只斗鸡，一旦受到外界的撩拨和刺激，马上就会做出应激反应，外界的刺激越强烈，他们的反应也就越强烈。

第二，过于相信自己的判断力，不愿受到他人的质疑和辩驳。如果有人提出反对意见，他们就会激烈地予以回击。即使别人的看法有道理，他们也不愿承认自己的错误，过激的人甚至会一条路走到黑，把自己的错误坚持到底。

第三，容易产生自责心理，习惯将自己当作错误的根源。原一平在明治保险公司工作时，有个叫冈坂奉文的同事。冈坂英俊潇洒，长着一张看起来很诚恳的脸，尤其受女性客户欢迎。后来，冈坂携带着客户的投保款潜逃了，明治保险公司高层大惊，急忙进行事后补救，并安排当时在公司里声名鹊起的原一平去客户那里登门谢罪。对于这起令人不快的意外事件，绝大多数客户的反应是大发雷霆，责备明治保险公司用人不慎。但原一平也惊讶地发现，有些客户却把所有的责任归结到自己身上，说自己是真正的大傻瓜，还说自己给明治保险公司添麻烦了。

粗看起来，这些客户的反应匪夷所思，但从心理学的角度来看，这种现象却是有据可依的。这一类客户的特点，其实就是心理学上所说的逃避型人格。发生意外情况时，这类人的第一反应不是寻找过错的根源，而是下意识里觉得自己会因为意外而遭到羞辱，所以对他们来说，与其被别人羞辱，不如自己先揽下所有的过错，以此来逃避别人对自己的羞辱。换而言之，这其实就是一种变相的自我保护的方法。

我们应该怎么跟敏感型客户打交道呢？敏感型客户做决定的时候，总体上是以感情为主导，理智往往退居其次，推销员与之打交道时好比排雷，说不准哪句话或者哪个动作就会惹客户不快。所以，面对这一类客户时，推销员必须慎之又慎，仔细揣摩客户的言辞和神情，大致判断出哪里是雷区，并在交谈中避开具有价值判断意义的词汇——比如"好""坏""对""错"——尽量使用中性化的用语。同时，如果客户对某些事物流露出好感或者厌恶感的时候，推销员要及时作出积极回应，使他们马上体会到被尊重的感觉。

沉默型客户

在现代社会里，保险正在日渐成为一种大众化需求品。说自己不需要保险的人，大多数是因为缺乏对保险的正确认识，但只要他们有与推销员进行交流的欲望——哪怕是态度不佳的傲慢型客户——我们就能从他们的言语中找到问题所在，然后对症下药。反过来说，如果客户惜字如金，几乎不肯表达内心的想法，推销员面临的问题就比较棘手了。这一类客户，我们称其为沉默型客户。

顾名思义，沉默型客户最大的特点就是寡言少语，情感内敛。有些人的态度比较好，即使我们在推销时说了一些过激的话，他们也会和颜悦色，笑眯眯地听着；有些人则几乎面无表情，使得推销员颇感疑惑，不知道自己所说的哪些话有用，哪些话没用。

首先，沉默是一种性格。有的人天生就是如此，虽然长大后会发生一些改变，但基因里与生俱来的东西是很难改变的，古人所说的"江山易改，本性难移"就是这个意思。

其次，沉默是一种做派。在现实生活中，我们常常会发现身边有一些"两面人"——在公开场合，他们寡言少语，连嘴都不愿意张；私下里，与家人或者朋友相处时，他们却滔滔不绝，好像有说不完的话。一般来说，一个人形成这种"两面派"的作风，主要与工作环境有关。比如有的人在工作中处于等级比较高的位置，惯于发号施令，需要以沉默寡言的形象来塑造自己的权威；有的人则处于等级比较低的位置，习惯了将自己定位成听众的角色。

我们必须知道，表达方式有很多种，唯一的区别在于有的人依赖口头语言，有的人则依赖辅助性的肢体语言和表情语言。不言而喻，沉默型客户无疑属于后者。比如，当我们推销保险的时候，有的客户看似无动于衷，但他们的一些小动作依然透露出了投保意愿；而有的客户听我们讲述保险的好处的时候，看似全神贯注，面带微笑，但不经意间的一些表情或者小动作却已经流露出了反感。

因此，原一平认为，与沉默型客户打交道时，推销员不但应该关注他们的口头语言——沉默型客户惜字如金，所说的每一句话基本上都会透露出一些关键信息——更应该注意观察对方的辅助语言。只有将这两方面的信息结合在一起，形成一个综合性的了解，我们才有可能将沉默的客户变成真正的客户。至于如何判断沉默型客户的辅助语言，这主要依赖我们在平时接触中留心观察。

谎言型客户

原一平与绝大多数客户打交道时，他都是勇敢无畏的，唯独有一类客户时常让他有打退堂鼓的念头。这类让原一平发怵的客户，就是谎言型客户。

"我特别害怕会撒谎的客户，每次遇到这样的客户，我总是忍不住会产生放弃他们的念头。你没有做过保险推销，不知道这一类客户的可怕。你如果做过这一行，就会知道他们的厉害。"在晚年向池宫健一口述从业史时，原一平曾这样说道。在他看来，谎言型客户说谎的动机，大致可以分为两种。

第一种是防卫型说谎。这类客户对保险怀有很大的敌意，觉得保险是骗人的，但因为性格的原因，或者出于"多一事不如少一事"的心理，他们不愿当面跟推销员发生冲突。当推销员给他们介绍保险时，他们会做出认真听的样子，并且会真诚地答应下一次在某时某地约见。然而，真的到了约见的时间，他们却连人影都见不到，或者随意找个理由爽约。

第二种是自利型说谎。所谓自利型说谎，就是利用谎言为自己争取有利的投保条件。与防卫型说谎相比，出于自利目的而说谎的客户更为常见。比如，当推销员推销人寿保险的时候，这一类客户有时候会说，"这种保险不行，我以前买过"，或者"××保险公司推出的人寿险比你们这个好多了，性价比更高"。如果推销员没有经验，就很容易被这类客户弄得措手不及，在慌乱中丧失主动权。

对于说谎型客户，原一平所给予的建议是有所取舍，顺水推舟。

"有所取舍"的意思是说，推销员要准确分辨出这类客户说谎的动机。事实上，防卫型说谎和自利型说谎的界限还是比较清楚的。原一平认为，二者的界限在于，防卫型客户与推销员打交道时，言语上会比较飘忽，关注的点很多，但每一个点都是浅尝辄止，并没有深入了解的兴趣；自利型客户则相反，尽管他们会以说谎的方式在言语上"敲诈"推销员，但他们对保险必然会有非常关注的某个点。而推销员所要做的，就是分辨其中的差别，进而确定客户属于哪一类。让防卫型客户投保并不是完全没有可能，但通常而言，把他们发展成真正的客户难度很大，投入与产出很难成正比，所以，我们的建议是暂时搁置这一类客户，先发展自利型客户。

引导自利型客户投保的方法，就是原一平所说的"顺水推舟"。当我们发觉客户说谎之后，就顺着客户的话说，把客户逼入死角，让客户自己做选择。比如，当我们报价以后，客户说"××保险公司最近也推出了同类新品，性价比要比你们的产品好得多"，这时候，我们可以简明扼要地说一下自己产品的亮点，然后告诉客户："如何决定在您，我们听您的最终选择，买卖不成仁义在，我们可以交个朋友。"

这样做的前提是，我们必须对竞争对手的产品有足够的了解，已然察觉到客户在说谎。我们绝不能在对竞争对手一无所知的情况下信口开河，不然，若是客户之后了解了竞争对手的情况，就会对我们产生轻视之心。另外需要注意的一点是，察觉到客户在说谎之后，我们在言谈中必须给客户留有余地，不能当面揭穿。

专家型客户

专家型客户与傲慢型客户有些相似，在面对推销员时，他们都喜欢摆出盛气凌人的姿态。不同之处在于，傲慢型客户的焦点在于炫耀优越感，而专家型客户的焦点则在于自诩为行家里手，炫耀自己对保险的了解。

专家型客户也是可以进行分类的。一类是感觉型专家。他们喜欢跟着感觉走，对保险其实并没有太多的认识，却偏爱用一些尽人皆知的问题来凸显自己的专家形象。举例来说，在保险业乱象丛生的年代，行业内部存在很多问题，比如在合同条款上做文章，客户投保的时候把保险说得特别好，客户有需要的时候却百般推诿。这几乎是尽人皆知的问题，也是许多人对保险的刻板印象。感觉型专家的观念没有更新换代，对保险的认识还停留在很多年之前，所以他们喜欢拿这些老问题来质问推销员。

另一类是知识型专家。他们对保险有一定的了解，与一般人相比可以称为专家，但与专门从事保险行业的推销员相比，却是纸上谈兵的门外汉。然而，他们坚信自己所了解的知识就是保险的全部，所以在与推销员打交道时，一旦推销员所言与他们的认知不符，他们就会觉得自己受到了欺骗，进而会以专家的姿态"拆穿"推销员的"谎言"，让对方难堪。

专家型客户的特点是喜欢挑刺，认死理，所以应对他们的关键在于，我们是否能以理服人。需要注意的是，这类客户喜欢抬杠，与他们打交道时，我们必须注意说话的方式，不能硬碰硬，而是应该以柔克刚。我们要在承认客户权威的前提下，进行补充式的交流，一方面和风细雨地更新客户的知识库，一方面把他们发展成真正的客户。

06
女性客户

之所以将女性客户单独作为一节，是因为在许多家庭中，女性掌握着财政大权，而且与男性相比，女性的消费习惯非常特殊。

男性客户投保多半是理性消费，也就是出于明确的目的而投保，女性客户投保则多半是感性消费。比如，听说身边某个亲朋好友遭受厄运，因为没有买保险而损失惨重，她们就会下意识地进行移情思考，想象自己遇到同样的事情会怎么办，从而萌生投保的念头；或者，听说身边某个亲朋好友因为投保而避免了不必要的损失，她们往往也会产生"我也要买一份保险，以免将来发生意外"的念头。

凡事都要未雨绸缪，所以她们的想法是没错的，但问题在于，她们的投保动机有时候并不十分明确，而仅仅是一种因他人际遇而产生的幻想。由此导致的最为直接的后果就是售后问题比较多，比如投保之后很快反悔，投保一段时间后觉得自己被骗了，或者暂停交纳保费。因此，与女性客户打交道时，我们必须格外留心。

第一，我们必须衣着整洁，精神饱满，给客户留下良好的第一印象。

原一平曾说:"如果女性客户对你的第一印象不错,她就能找到向你买保险的理由;如果见第一面她就不喜欢你,她也能找到成千上万条理由拒绝你。"关于如何给客户留下良好的第一印象,我们之前已经讲过很多,这里不再赘述。

第二,我们必须准确判断出女性客户的投保意愿。

如上所言,事实上,很多女性客户在投保时并没有十分明确的投保意愿。为了业绩,有的推销员会趁机夸大其词,兜售花费昂贵的险种,而不顾客户的实际需要。短期来看,这样做的确有利于提升业绩,但我们不要忘了,女性客户往往都有自己亲密的社交圈,而且,与男性相比,她们更乐于充当广告人的角色,所以对于保险推销员来说,她们的社交圈里隐藏着许多潜在的客户。如果我们诚恳地对待她们,让她们觉得物有所值,她们就极有可能自发地给我们打广告,拉来更多的客户。相反,如果她们感觉自己被愚弄了,那么我们就会丧失许多潜在客户。

第三,避免使用专业化的语言。

使用专业术语可以让我们显得更专业、更有职业范,但男女思维有别,与抽象的术语相比,女性客户更乐意听到具象化、生活化的表述。尽管专业术语更为精确,但因为其过于枯燥,女性客户可能会遗漏或者忽略一些关键点,比如"案件撤销""报案""保险豁免""保险标的"等术语。因此，与女性客户打交道时，我们必须把专业术语转换成生动的语言，尽量以故事化的形式来讲解，让客户明白其中的确切含义。只有这样，客户才能更明确地表达出自己的投保意愿，继而进行下一步的商谈。

第四，避免冷场。

如果留心观察生活的话，我们就会发现，男性聊天容易冷场，而女性聊天则很少如此，即便是没话找话的尬聊，她们也能聊得不亦乐乎。也可以这样说，男性聊天靠主题，女性聊天靠气氛。就女性客户而言，我们刚开始聊的是保险，但随着谈话的进行，接下来可能就会聊到家长里短，比如孩子的教育问题，随后又会跳到时尚话题……表面看起来，谈话主题似乎离保险越来越远，但只要谈话气氛是轻松的，买卖最终就有谈成的可能，因为彼此的距离在这种看似漫无目的的谈话中拉近了。与此相反，如果谈话屡屡冷场，每当女性客户说到与保险无关的话题时，我们就表现得毫无兴趣，她们就难免会觉得自己不受尊重，买卖最终是否能谈成，也就成了未知数了。

因此，与女性客户交流时，我们必须学会接话，维持住聊天的气氛。即使一次谈不成也没关系，只要客户还愿意下次再聊，我们最终就能达成目标。打个比方，向男性客户推销保险如同短跑，需要爆发力和冲刺；而向女性客户推销保险如同马拉松，比拼的是耐力和韧性。

第五，做好售后工作。

客户在一份保单上签字，就意味着在接下来的几年、十几年，甚至几十年里，都要享受保险公司的售后服务。通常而言，售后服务包括三方面的内容：第一，保单保全，使保单上的各方面信息在保险期内处于更新状态和完备状态；第二，协助客户完成理赔服务；第三，保险行业出台新规定和新政策时及时告知客户，解答客户在保险方面的疑问，挖掘客户的新需求，以便延长保险合同有效期。

从比较宽泛的意义上来说，只要我们在售后服务上做到这三点，基本上就足够了，但对于女性客户而言，我们还必须做一些额外的售后工作，比如逢年过节赠送礼物。礼物本身不需要贵重，可以是一个杯子、一个书签、一盒粽子等，重要的是让她们感受到我们的心意。男性客户或许并不很在意这些小礼品，因为他们更为关注的是保单自身的价值。女性客户虽然也关注保单，但在收到这些额外的小礼品时，她们往往会感受到意外的小惊喜，就像在很久没穿的衣服口袋里发现了一些零钱，数额不大，但让人开心。

保险推销本质上是一种服务，既然是服务，我们就应该让客户感受到服务的温度。通过赠送这些小礼品，我们让客户感受到服务的温度，与此同时，我们也可以得到一些额外的收获——说不定什么时候，女性客户与亲朋好友聊天时，就会自发地充当广告人，为我们引来潜在客户。

第九章

推销话术

我们的目标是为客户解决问题。无论在何种谈话情境下，我们都应该让客户感觉到被尊重、被理解，而不是被指责、被教训，甚至被羞辱。

——原一平

01
口才是什么

保险推销员的必备技能之一是口才，这是人所共知的事实。毫不夸张地说，如果推销员的口才不佳，基本上就没有从事这个行业的可能了。然而，在对口才的理解上，很多人却存在一些误区。

有的人认为，口才是能说会道。的确，这是口才的一个方面，但我们也应该知道，当我们在现实生活中说某人能说会道的时候，潜台词往往是此人不太值得信任。有的人认为，口才是辩才无碍，嘴皮子厉害，但这样的人显然更适合做辩手。如果我们身边有这种总是喜欢跟人辩论的人，我们往往会称之为"杠精"。有的人认为，口才是性格外向者的专利。但口才与性格并无必然联系，我们之所以在性格外向和口才之间画等号，更多是出于一种刻板印象。事实上，寡言少语的人有时候说话反而更能让人信服，古人所说的"夫人不言，言必有中"就包含着这层意思。还有的人认为，口才是滔滔不绝，引经据典，善于长篇大论。但这样的人更适合在公众场合发言或者讲话，在日常生活中，他们恐怕并不是那么受人欢迎……

那么，什么是口才呢？

人与人进行交流的本质，是信息的输出与交换。所谓口才，其实包括两方面的内容：一方面是以清晰的语言和逻辑输出自己的观点；另一方面是与听者完成观点交换。如果认同对方的观点，我们就是被说服者，反之亦然。显然，在保险推销工作中，我们应该说服别人，而不是被别人说服，口才也正是因此而显得尤为重要。

没有付出就没有回报。作为保险推销员，我们必须学会许多专业技能，有些技能需要我们投入一些相应的花费，比如衣着装扮、购买教材、参加各种课程学习等，但培养口才不必如此，我们只需要花费一点时间。口才在保险推销中是最为主要的基本技能之一，学习成本也最低，从这个角度来看，我们可以说它是一种投入小而回报大的业务技能。

那么，口才应该如何培养呢？以下，我们将介绍几种简便易行的方法。

第一，每天早上对着镜子朗读。

朗读的内容无所谓，可以是一篇小短文、一段话，也可以是一首诗。有的人觉得这种方式很可笑——朗读不是学生做的事吗？成年人还做这个事是不是太低级了？但这是一种错误的观念，事实上，许多以演说或者表演为职业的人都有朗读的好习惯。

在培养口才上，朗读带来的好处可谓一举多得。首先，它可以锻炼我们的口齿；其次，它可以帮助我们积累知识，即便每天只读一小段话，日积月累，我们的知识库也能充实不少；最后，对着镜子练习朗读，能够让我们直观地看到自己说话时有没有怪表情，比如有的人发"f"音时会用力过猛，显得表情狰狞，有的人发"b""p"音时，嘴唇会凸起得比较厉害，显得有些滑稽。碍于面子，别人往往不会提醒我们，但对着镜子朗读时，我们却可以清楚地看到这些小毛病。

第二，用手机把自己的声音录下来听。

说话的时候并没有觉得自己的声音有特别之处，录下来听的时候却觉得自己的声音有些陌生，相信很多人都有这样的感觉。哪种声音才是我们真实的声音呢？其实两种都是——对于我们自己，我们习以为常的声音是骨传导和空气传导的叠加结果；对于别人，我们听起来有些陌生的声音则是空气传导的声音。这就好比听音乐，我们听到的是无损音质，而别人听到的是有损音质。换而言之，有些音质损失是我们自己很难意识到的，比如很多人察觉不到自己的口音问题，而通过录音这种使熟悉的声音陌生化的方式，我们就能意识到问题出在哪里。

第三，复述法。

读过一个小故事或者看过一部电影后，试着将其主要内容复述出来。这种方法主要锻炼的是我们的语言组织能力和逻辑思维能力。原一平有个很特别的工作习惯，每次约见客户的前一天晚上，他都会和妻子久惠进行情景模拟，预演第二天的谈话内容。这种方法与复述法异曲同工，也是一种锻炼口才的方式。

第四，描述法。

每天晚上睡觉前，把白天发生过的比较重要的事在脑海里描述一遍，有点类似于我们在学生时代写日记。不同的是，在描写一件事情的时候，我们有思考的时间，可以字斟句酌，梳理逻辑；而在描述一件事情的时候，我们的思考时间极其短暂，对逻辑思维能力的要求更高一些。

在现实生活中我们可以看到，有的人说话条分缕析，清楚明白，有的人侃侃而谈，好像说了很多，但仔细一想，他们其实语无伦次，根本不知道在说什么。这其实就是逻辑思维能力的差异。但逻辑思维能力是可以培养的，描述法以及刚才讲过的复述法都是行之有效的方法。

第五，不放过在公开场合说话的机会。

把话说错没关系，但如果连开口说话的勇气都没有，那就连发现错误的机会都没有。有的人与熟人相处时口若悬河，但与陌生人相处时却面红耳赤，默不作声。如果从事别的行业，比如科研、编程等技术类职业，这种性格或许并不会有太大的问题，但保险推销是一个需要不断与陌生人接触的行业，面对陌生人时，我们必须开口说话。在公开场合说话的机会并不需要刻意寻找，日常生活中俯拾皆是，比如晨会、周会、月会，以及其他各种形式的公众聚会和私人聚会。当我们面对许多陌生人的时候都敢于开口说话，在面对客户时也就可以表达自己的看法了。

02
话术八忌

在保险推销行业中，口才往往被称为"话术"。很多人对话术的理解是业绩至上，对客户报喜不报忧，把推销的险种说得天花乱坠，售后问题放在一边，先把保险卖出去再说。不可否认，这的确是话术的一种，但它也仅仅是"术"——无道之术。

有道无术，术可求；有术无道，止于术。我们千万要记住，与客户打交道时，一定要诚恳，这才是推销的"道"，否则就等于自毁前程。在真诚面对客户的基础上，我们所学的话术才是有意义的。但在学习话术前，我们应该先知道一些话术方面的忌讳，如此才能避免少走弯路。

在多年的推销生涯中，原一平总结出了八个方面的谈话忌讳。

一、喧宾夺主

有的保险推销员喜欢抢话，在客户面前以专家自居，盛气凌人，总是说这样的话："你有健康和财务方面的风险，却还不买保险，难道你不知道自己的问题有多严重吗？""我要是你的话，早就买保险了。""跟你有一样问题的许多人早就买保险了，你太落伍了！"……或许推销员这样说是真诚为客户

第

九

章

推

销

话

术

着想，也没有别的意思，但这些话只会激起客户的逆反心理，因为推销员高高在上的姿态会让客户觉得自己很蠢。

"我们的目标是为客户解决问题。无论在何种谈话情境下，我们都应该让客户感觉到被尊重、被理解，而不是被指责、被教训，甚至被羞辱。"原一平如是说。

二、被客户带偏

有的客户未雨绸缪，在问题没有出现之前就主动投保，以便防患于未然；有的客户则后知后觉，深受某些问题的困扰后才产生投保意愿。与第二类客户打交道时，除了做好本职工作，推销员还要为客户提供情感慰藉，倾听客户的苦恼。但就是在这样的倾听中，有的推销员会不知不觉被客户带入奇怪的话题方向，虽然说了很多，最终却什么都没有谈成。

"什么都没有谈成"这种情况并非一无是处，因为有的客户的确需要通过多次接触才能明确投保意向。但在与客户的每一次接触中，我们都要设立一个明确的主题，不然最终可能出现的结果就是，客户觉得我们人很好，但在保险方面不够专业。

三、否定客户的决定

有的客户在投保时已经有明确的投保目标，知道自己应该买哪个险种。通常来说，客户的自我判断基本上都是正确的，但有时候我们也会发现，客户的判断是错误的，或者不是那么精准。面对这样的客户，我们绝不能直截了当地指出他们的错误，而是首先应该给予肯定，夸赞他们的判断很有眼光，然后摆事实、讲道理，提出更加有针对性的方案，让客户自己否定自己，进而做出最为正确的选择。

四、只谈保险，不谈其他

为客户解决问题，是我们从事保险推销行业的宗旨，但这并不意味着与客户沟通的时候只能谈保险，而不能谈其他。精通保险知识能够使客户信任我们，认同我们的专业性，但拉近与客户的距离可以使我们发现客户的其他需求，并且能够让客户在自己的朋友圈里帮我们挖掘其他的潜在客户。因此，与客户交流时，我们不妨准备一些保险以外的话题，尽量使谈话的气氛如同朋友谈心，而不是只有冷漠的业务往来。

五、嘴动人不动

顾名思义，话术只是语言功夫，但语言并不是只有口头语言，它还包括表情语言和肢体语言。原一平认为，保险推销员光靠嘴说话是远远不够的，还必须用心、表情、肢体配合口头语言，这样才能更好地打动客户。即使是一个拙于言辞的推销员，只要他能用神态感染客户，他说的话照样可以很动听。

六、自来熟

尽管我们一再强调应该设法拉近与客户的距离，但要警惕的一点是，我们不能有失分寸，成为客户厌恶的"自来熟"。当客户抛出问题、倾诉苦恼的时候，我们积极回应，提出解决问题的方案，给予客户情感慰藉就可以。如果有的问题客户不愿意说，我们千万不要"自来熟"，不自量力地进入雷区。

七、设想最坏的结果

有的推销员喜欢设想极端情况来"恫吓"客户，比如"如果不买我们的保险，你的家人以后一旦遭遇不幸，将会……"之类的话。或许推销员这样说确实是很迫切地为客户着想，但这样的话会让客户十分不快。在长达几十年的推销生涯中，虽然原一平数次用过这样的话术，但都是在特殊情况下。通常而言，一旦推销员说出这样的话，即使本来可以做成的生意也会泡汤。

八、轻易让步

我们之前讲过，保险推销本质上是一种服务，所以我们必须尽量满足客户的需求，但这种满足并不是无原则、无底线的。如果在工作中留心观察过，我们就会发现，当我们对客户百依百顺时，客户就会要求我们做出更大的让步，而当我们不卑不亢时，客户在提要求的时候反而会有所顾忌。说白了，难缠的客户有时候就是被我们的卑微姿态惯出来的。所以，与客户进行前期洽谈的时候，我们不要一上来就给予各种优惠，那样很容易将自己置于非常被动的位置，不到万不得已的时候，我们不要轻易让步。

以上所言，是原一平总结的话术方面的八个忌讳。当然，话术的技巧是没有穷尽的，对话术的学习也是没有止境的。作为保险推销员，我们需要不断揣摩，不断学习，不断总结，以便使自己的说话艺术趋于完善，这也是我们时刻都不能放弃的必修课。

03
CLOSE 五步成交法

推销保险能否成功，很大程度上取决于推销员，但我们更应该看到，与推销员所做的努力相比，客户有无投保意愿才是决定推销能否成功的关键因素。

每一份成交的保单背后，都有客户的投保意愿在发挥作用，只是有些客户的投保意愿比较强，是主动投保，有些客户的投保意愿比较弱，需要推销员施加外力去推动或者挖掘。如果客户根本没有投保意愿，那么我们即使花费再多的工夫，恐怕也无济于事。

在本书中，我们着重讨论的显然是第二类客户，而在与这一类客户打交道时，我们应该做什么，显然也是一目了然的——强化或者激活客户的投保意愿。这也就意味着这个过程往往不是一帆风顺的，遭到客户的拒绝或者冷遇在所难免。

原一平认为，强化或者激活客户投保意愿的过程虽然是给客户施加外力，但这种外力绝不是误导或者逼迫，而是在引导中让客户自己做选择。根据自己多年的从业经验，原一平总结出"CLOSE 五步成交法"。

"C"，是英文单词"Choose"的缩写，意思是"选择"。

如今的社会是一个被保险全面覆盖的社会，从城市到乡村，保险几乎涵盖了我们生活的方方面面。但这些保险基本上都是基础性险种，比如在现有的阶段内，有些花费极其昂贵的药物就不在医疗保险的覆盖范围之内，而基础性险种覆盖不到的地方，往往就是推销员发挥作用的"战场"。因此，面对客户时，我们抛出的第一个选择题，应该是清楚地让客户看到投保与不投保的区别，请客户自己做出选择。

"L"，是英文单词"Lose"的缩写，意思是"损失"。

保险是一种长线收益产品，从短期来看，买保险似乎是财务上的某种损失，因为客户可以将购买保险的钱用来购买别的投资理财类产品，并在短期内获得收益。许多客户之所以不愿投保，原因就在这里。因此，在摸清客户有无投保意愿的基础上，我们抛出的第二个选择题，是请客户在短期利益和长期利益之间做出选择。诚然，短期来看，买保险几乎没有收益可言，但购买别的投资理财类产品面临的风险也比较大，也许短期内会有比较大的收益，也许会遭受比较大的损失。相对来说，保险更稳定，因为它的风险系数很低，既可以预防潜在的风险，也相当于为未来储存一笔定期存款。

"O"，是英文单词"Obligation"的缩写，意思是"责任"。

与"C"和"L"不同的是，"O"所涉及的选择是两方面的，或者说它涉及的责任是两方面的，既包括推销员的，也包括客户的。推销员的责任是说明不同的险种所需的花费，以及保险公司所能提供的相应服务；客户的责任是从推销员提供的方案中选择最适合自己的方案，并按照合同履行相应的责任。通常而言，出现这种情况的前提，是客户已经表露出比较明显的投保意愿，洽谈进入实质性的操作阶段。

"S"，是英文单词"Search"的缩写，意思是"寻找"。

前期的洽谈明明很顺利，最后即将签约的时候，客户却忽然一反常态，迟迟不肯在保单上签字。相信很多推销员在工作中都遇到过这样的情况。为什么会突然出现这种变化？客户这样做的动机是什么？问题是出在我们身上，还是客户身上？……这时候就需要我们进入"S"环节，挖掘出现变化的原因。

在此环节中，我们首先要从自身问题开始找起，如果确定问题不是出在自己身上，而是出在客户那边，那么，一如从前，我们应该尽量给客户出选择题，比如是否有竞争对手突然介入、客户是否没有真正的出资权，以及保险受益人的归属是否有变，等等。

"E"，是英文单词"Example"的缩写，意思是"案例"。

通过讲述案例，使客户意识到投保的意义所在，就是"E"的意义。这里我们再强调一次，在保险推销中，决定是否成交的关键因素，在于客户有无投保意愿，推销员所起的作用只是"推波助澜"，在引导中激发客户的投保意愿。因此，对客户讲述案例时，我们必须拿捏好分寸，应该使案例起到正面的激励作用，不要夹带"逼迫"或"威胁"的意味。或者说，我们给客户讲案例的时候，应该把重点放在某人因保险而如何获益上，而不能强调某人因为没有投保而遭到了多么惨重的损失。

以上所说的五项，就是原一平总结的"CLOSE 五步成交法"。这五个步骤的核心都是"选择"——把投保的选择权交还客户自己，但这种交还并不是放任，推销员必须在其中起到引导作用。这就如同顺水行舟，客户驾驶着小船可以选择左行或者右行，而推销员如同水流的方向，无声地控制着小船在左右行进中前行。

尽管在刚才的讲述中，我们是按照字母顺序拆解"CLOSE 五步成交法"，但在实际工作中，我们大可不必按部就班，毕竟现实情况多变，不可能用条条框框的东西削足适履。因此，遇到问题的时候我们可以灵活一些，根据实际情况决定采取哪一个步骤。我们只须记住一个关键词——选择，在选择中成就自己，成就客户，实现共赢。

04
高情商话术

在现代社会中，"情商"是一个出现频率相当高的词汇。当我们评价一个人情商高的时候，往往是在说他会做人、会做事，受大家欢迎。不过，这只是表象，就本质而言，所谓情商高说的是一个人共情能力强，能够站在别人的立场上考虑问题。就话术这个主题，我们已经讲了很多内容，但归根结底，话术都是共情能力的外在延伸。这一节当中，我们将给大家介绍四种在保险推销中可以用到的高情商话术模板。

一、利益捆绑

当我们极力想说服客户，客户却表现得对保险毫无兴趣时，先别急着打退堂鼓。此时，我们不妨在自己的观点后面加上几件客户比较在乎的事，进行利益捆绑，这样就能很大地提升成功的概率。

比如，我们想给家长推销少儿重疾险，假如我们说"小孩子未来的路还很长，以后发生什么事很难说，买一份重疾险有备无患，总比将来发生意外而后悔要好"，那么生意十有八九会泡汤，脾气好的客户或许还会找个理由推托一下，脾气不好的客户可能会直接把我们轰出来。

但我们可以这样说："现在给孩子买重疾险的客户特别多，前段时间我们在××小学做过一次推广，大部分家长都给孩子买了重疾险。"这句话或许不一定会促使客户下决心购险，但它可能会动摇客户的固有观念。

接下来，我们再来看一下利益捆绑的话术。

"上星期我们去××小学做了一次推广，大部分家长都给孩子买了重疾险（利益捆绑之一：从众心理）。我有一个朋友，他的孩子也在那个小学上学。他一开始倒是没想买重疾险，是他的孩子见别的小朋友都买了，回家也逼着他买的（利益捆绑之二：父子感情）。虽说孩子的闹腾不能太当真，也不能任何事都顺着孩子，但孩子现在身体健康，没病没灾，买重疾险容易，也不是什么坏事（利益捆绑之三：购险利益）。"

当然，我们不敢保证这样说一定能够使客户投保，但成功的概率肯定会提高不少。

二、约见客户的时候不要说"是"或"不是"，而要说"是……还是……"

有的推销员想约客户面谈，但又害怕被拒绝，好不容易鼓起勇气给客户发信息："您周末有空吗？"结果，忐忑不安地等了半天，客户的回复就两个字："没空"。这时，我们不要气馁，不妨拿起手机再给客户发一次信息："我想周末请您吃饭，您是周六有空还是周日有空？"

用"是……还是……"的模板，是为了把"没空"这个选项，直接从客户的潜意识里删除，提升成功见面的概率。无论客户选周六还是周日，我们都是成功的。如果客户依然拒绝，我们也别慌，这时候可以追加一句："时间您来定吧。您什么时候方便，我过去拜访一下。"

通常而言，如果我们与客户的关系发展到有望面谈的地步时，就证明彼此之间已经具备了一定的感情基础，因此，只要客户没有把话说死，没有表露出十分坚决的拒绝态度，把这样的话术重复几次就有可能成功。相反，如果客户的拒绝态度十分坚决，甚至说了一些过火的话，我们就没有必要再坚持下去了。我们应该热爱自己的工作，也应该学习能够提升业绩的话术，但我们也要有尊严，毕竟推销保险是堂堂正正的职业。

三、给予客户"情绪价值 + 利益价值"

人都是有私心的，可能除了父母，世界上没有人会平白无故地帮助我们。当别人有求于我们的时候，我们一般只有在两种情况下会伸出援手：第一，帮助别人可以满足我们的保护欲或者责任感，这是情绪价值；第二，现在我们帮助别人，以后遇到难题，别人也会帮助我们，这是利益价值。总而言之，只有当情绪价值、利益价值能够满足其一，或者二者全都满足的时候，我们才有可能去帮助别人。同理，与客户打交道时，我们也可以利用"情绪价值 + 利益价值"的模板。

比如，我们认识一个大客户，并想请他帮忙拓展人脉，我们一般会这样说："× 先生，您人脉特别广，能不能帮我介绍几个大客户？"

假如 × 先生是那种特别好的人，他可能会帮助我们介绍一些客户，但这只是一种理想状态。所以，我们可以利用"情绪价值＋利益价值"的模板，换一种求人方式："× 先生，我最近的业绩压力很大，想拓展客户但一点门路都没有。大家都说您是大佬，高朋满座，您能抽三五分钟时间（量化付出）指点我一下吗（情绪价值）？我知道您很忙，这样打扰也挺不好意思的，周末我请您去唱歌（利益价值）。"

不言自明，与第一种说辞相比，采取第二种说辞更容易得到 × 先生的帮助。尽管从某种程度上来说，保险推销本身就是一种"求人"的工作——其实无论从事任何行业，我们都少不了求人——但求人不如求己，毕竟世界上最靠谱、最热心帮我们的，永远是我们自己。多一分技能，少一分依赖，不断提升自己的技能，才能掌握更多主动权。

四、有细节的谢意＋有温度的礼物

客户是我们的衣食父母，所以当客户签单的时候，我们要衷心表示感谢。但不管是因为有话不好意思说，还是觉得没有礼数繁缛的必要，有的推销员所做的只是道声谢而已。

虽然只要保险所起的作用能达到客户的预期效果，采取何种方式道谢只是旁枝末节，但正如我们此前所说的那样，做好售后服务有时候能带来意想不到的效果，使现有客户变成帮助我们开拓客源的据点。因此，在对客户道谢的时候，我们可以从细节入手，让客户感受到我们的诚意，而不只是礼节性敷衍的感谢。

比如，客户在我们手里购买了一份人寿险，我们可以这样说："以前虽然也卖出过一些人寿险，但大多是在公司的协助下完成的，这是我第一次单独卖出人寿险（点出客户的重要性和独特性）。这次与您打交道，对我的业务能力也是一个很大的提升（细节）。非常感谢您对我的支持和帮助，以后如果有什么问题，希望您随时指出（引申到售后）。"

此外，再送给客户一份特别的礼物，更能起到锦上添花的作用。这份礼物不需要贵重，可以是一本书、一个发饰、一条领带，只要能让客户感觉到礼物是有温度的，是我们精心挑选的就可以了。

05
电话销售

在众多的推销方式中，电话销售看似最轻松——推销员只需要坐在办公桌前打电话，不需要外出奔波去拜访客户——但它也是最让人崩溃的销售方式。做过这种工作的人都知道，被客户拒绝是家常便饭，打 100 个电话恐怕也找不到一个有效客户，有时候还会在电话中遭到羞辱。

电话销售等于电话骚扰，这基本上是大众对电话销售的共识，但尴尬的地方在于，对于进入保险推销行业的新人来说，电话销售往往是必须经过的历练关口。

作为电话推销员，在拿起电话之前，我们必须有一定的心理承受能力，能够理解客户。毕竟，在每天遭受无数推销电话狂轰滥炸的情况下，客户还能接电话，已经是给了我们很大的支持了。我们所需要做的，就是尽可能在很短的时间里把最为有效的信息传递给客户，打消客户挂断电话的念头，让客户愿意聊下去，以便挖掘客户的精准需求。

以下，我们举几个反面例子，来看看电话销售有哪些误区，事实上，这几个反面例子也是销售员惯用的话术。

"您好，我是 ×× 保险公司的工作人员，能占用您几分钟时间吗？"

不用怀疑，这肯定是无效的话术。客户只是通过电波信号与我们"萍水相逢"，凭什么挤时间听我们说话呢？

"您好，请问是 ××× 先生吗？我是 ×× 保险公司的工作人员……"

正常情况下，我们把话说到这里，客户就挂断电话了。有时候，客户还会反问一句"你怎么得到我的名字和电话的"，然后大发雷霆，破口大骂。如果你也经历过这种情况，那请你接受现实，挨骂是理所应当的，因为这种话术会让客户感觉自己的隐私被泄露了，换作是谁都会很不愉快。

"您好，我们公司推出了一款新型保险产品。您有兴趣了解一下吗？"

这种提问方式稍微好一点，至少不会挨骂。但也仅仅是不会挨骂而已，绝大多数情况下，客户会直接挂掉电话，觉得莫名其妙，不明白为什么会接到这样一个电话。对于这种情况，销售员想必也不会感到意外，因为这种提问方式说明我们是在随处撒网，并没有明确的针对性，能捞到一个客户算一个。

那么，电话销售的正确操作方式是什么呢？可以很明确地告诉大家，没有套路可循，只能告诉大家一些要点。

第一，克服恐惧心理，明确打电话的目的。这是最基本的要求。

第二，做自我介绍时，一句话带过，省掉多余的客套话，比如"不好意思，打扰您了""占用您几分钟时间"等。因为在客户接起电话的那一刻，那些客套话就都成了空话，与其啰唆一遍，不如干脆别说。

第三，在客户的称呼前面加上姓，比如"王先生""李女士"。不要一开口就称呼客户的全名，否则客户的第一反应就是自己的信息被泄露了，遭到了推销电话的骚扰。只称姓不呼名，则可以让客户感受到一种被特别关注、隐私也没有被侵犯的感觉。

第四，开场白简短有力，说明公司和产品的优势，比如保险公司的实力、在业界的排名、险种的优势和强项、目前有多少人投保，等等。以时间为衡量标准的话，开场白必须控制在 15 秒到 20 秒之间。

第五，事先做好准备，对客户的需求有一定的了解，说完开场白之后直奔客户需求，激起对方的谈话兴趣。在此过程中需要注意的一点是，不要很直白地说推销，而是要说调研。比如，通过事先调查，我们知道 × 先生有购买人寿险的需求，那么打电话的时候可以这样说："× 先生，我们公司推出了一款新型人寿保险产品，所以需要做一个市场调研。请问您能配合一下我们的工作吗？"

第六，能用数字说明的用数字，尽量避免"用户很多""销量很好"这种模糊的词汇。"我们公司推出的这款保险产品才上市一个月，就有很多客户购买。""我们公司推出的这款保险产品才上市一个月，销量就过了10万单。"在这两种讲话方式中，显然第二种的效果更好。

第七，觉察客户的购买信号，抓住机会，促成交易。在电话沟通的过程中，客户可能会释放出某种愿意倾听或者愿意购险的信号，具体会通过语气、措辞等传达出来，并没有详细的标准，这需要我们仔细聆听、仔细揣摩。

虽然讲了这么多，但有一点还是要告诉大家，那就是与其他销售方式相比，电话销售的成交率是比较低的。毕竟，我们和客户往往是在对彼此知之甚少的前提下进行沟通，大多数情况下，客户会直接挂电话。但在此过程中，我们要切记，如果客户用某种理由拒绝了我们，不要马上放弃，有时候这反而意味着事情还有回旋余地。

下面，我们举几个例子来解释一下。

很多情况下，不等我们做完自我介绍，客户就会打断我们的话，很直接地说对保险没兴趣。这类客户其实是担心被强行推销，因此，在这样的情况下，我们应该做的是尽量缓和客户的情绪，想办法先给客户介绍产品，并在介绍过程中捕捉信号，判断客户是否对产品的某个点感兴趣。

有时候，客户拒绝我们的理由是现在很忙，没时间。这时候，我们不要死缠烂打，而是应该问客户的空闲时间，换个时间再打电话；或者，我们可以询问客户的电子邮箱，把产品资料发过去，过一段时间之后，再打电话询问客户对产品的看法。

有时候，客户拒绝我们的理由是已经购买了保险。这样的情况下，我们可以顺水推舟，问一下客户购买的险种，然而讲一下自家产品的优势，引起客户的购买兴趣。此外，我们还可以告诉客户，多一份保险多一重保障。

电话销售很难，对于保险推销员来说，这种工作非常有挑战性，但是，如果能在这样的工作中做出业绩，那么，当我们在以后的工作中直面客户的时候，在电话推销中习得的技能就可以派上用场，也正因如此，电话销售岗位才有它独特的价值。

06

网络销售

"网络销售"是一个老词，也是一个新词。说"老"，是因为这个词在十几年前就问世了；说"新"，是因为它的销售形态一直在随着互联网的演变而演变。

网络销售刚刚问世的时候，人们做销售的方式是做网站、做百科、做贴吧；之后，随着互联网的普及，做销售的方式改为建群，做网店；而今，随着互联网新技术的大规模应用，网络销售已经渗透到人们生活的方方面面，其方式也变得越来越多元化。总的来说，现在的网络销售的特点是销售成本越来越低，销售方式由原来的销售产品为主变成了销售"人设"为主。

销售成本越来越低，这个问题很容易理解。举个例子，以前做网络销售的时候往往需要开网店，注册手续比较烦琐，且成本较高。而在如今，注册一个网店的成本就低多了。

销售产品为主变成了销售"人设"为主，这是什么意思呢？举个例子大家就明白了，现在很多短视频平台流行"网红"带货，操作模式是先把自己包装成"网红"，再面向粉丝带货，这就是典型的销售"人设"。

如果留意观察过，大家一定会注意到一个现象——近些年来，做自媒体的人越来越多。据统计，在 2020 年，全国的微信公众号数量有 2000 多万，相当于每 70 个人当中，就有一个人做公众号。再加上今日头条、网易自媒体、搜狐自媒体等平台，毫不夸张地说，或许几个人当中就有一个人在做自媒体。本质上来说，短视频平台、写作平台都是自媒体平台，它们的运营者都是在销售"人设"。

如果说通过网络销售产品的方式是采花酿蜜，那么，通过网络销售"人设"的方式就是筑巢引蜂，用网络词汇来说就是"引流"，或者说是"打造个人 IP"。销售"人设"之所以异军突起，能够渐渐取代直接销售商品，是因其具有开发成本低、维护成本低、粉丝集群效应强、扩散程度广等特点。打造个人 IP 虽然是个新概念，但究其本质，就是传统销售模式中的找明星做代言人。不同的地方在于，传统销售模式是用明星代言，而打造个人 IP 是把自己包装成明星。

在此，我们可以给大家介绍三种打造个人 IP 的方式。

第一种方式是做短视频。它的优点在于操作方式简单，有一部手机即可，缺点在于对剧本创作能力的要求比较高。

现在做短视频的人有很多，但真正能做好的人却很少，而拉开好与坏的差距的关键，就在于是否有剧本原创能力、剧本是否有延展性，以及剧本是否能为打造"人设"服务。有的人做了很多短视频，但只有某几期的播放量比较高，其他都平平无奇，甚至播放量只是个位数。究其原因，就在于他们没有明确的方向，没有打造"人设"的概念，产品没有可延展性，灵光乍现的时候可能会有比较好的作品，其他时候则只能寄希望于运气。

就保险推销员而言，职业已经决定了我们做短视频的目的是为了销售保单。虽然在"人设"这一方面并无固定之规，可以是严肃的、轻松的、高冷的、接地气的，但在打造个人 IP 时，我们必须记住两点：第一，做短视频之前要想好"人设"，一旦短视频项目开始，就要沿着既定方向走下去，不能变来变去；第二，虽然立"人设"是为销售保单服务，但视频内容是围着"人设"转的，而不是围着保单转的，或者说保单只是"人设"的附属物，如果张口闭口都是保险销售，就很难引流。

第二种方式是做写作媒体平台。与短视频平台相似，利用写作媒体平台塑造"人设"的优点是成本低，操作方式简单，缺点是对写作能力有一定的要求。

利用写作打造"人设"的核心是观点输出，把自己塑造成保险专业人士的形象，向受众普及保险知识，提高受众的风险防范意识。需要说明的一点是，在输出观点的过程中，我们的立场必须是中立的，让受众感觉到我们的诚意，不能把观点输出当作广告。目前，国内通过写作媒体平台推广保险的自媒体有很多，但有一部分的输出方式有误，基本上是把知识普及做成了令人抵触的广告。所以，通过写作媒体平台打造个人 IP 还是大有可为的。

第三种方式是经营朋友圈。

与短视频、写作相比，经营朋友圈是操作难度最低的方式，不需要有剧本把控能力，对写作能力的要求也不是很高，几张图加上几句话就可以在朋友圈里塑造"人设"。然而，这种打造个人 IP 的方式也最容易出问题。很多保险推销员每天经常更新朋友圈，但更新的内容没有新意，比如自己的精英造型、夸奖自己产品的话等。结果就是，自己已经被很多人拉入黑名单而不自知。

通过朋友圈打造个人 IP 的正确方式是什么呢？说起来很简单：迂回。我们要把主要精力放在营造"人设"上，适当降低推销保险的频率，并且注意措辞。举个例子，如果一天更新十次动态，八九次用来推送读书、美食、健身、户外、摄影等，一两次用来推送精心准备的工作动态就可以了。

以上所讲的三种打造个人 IP 的方式，共同点都是迂回，也就是先立"人设"，再推销保单。这是很让人无奈的事，虽然社会在进步，人们的保险观念在提高，但现在很多人还是对保险有误解。不过，我们有理由相信，只要我们都能像原一平那样，以真诚的态度为客户服务，在工作中不断提高自己的业务能力，并为推动保险业的发展尽一份力，在不远的将来，我们的事业一定可以取得辉煌的成绩，保险业也一定会焕发出勃勃生机。

士不可不弘毅，任重而道远。与读者诸君共勉。

勇往直前

销售之神原一平传